ÉCOLES-ATELIERS

DES SOLDATS AVEUGLES & AVEUGLES DE GUERRE

DE L'ASSOCIATION VALENTIN HAÜY DE LA RÉGION DE MONTPELLIER

ARDÈCHE, AUDE, AVEYRON, GARD, HÉRAULT, LOZÈRE, PYRÉNÉES-OR., TARN

SOLDATS AVEUGLES
AVEUGLES DE GUERRE

Conditions générales et capacités des Aveugles.
Conditions spéciales des Soldats aveugles et Aveugles de guerre.
Demi-aveugles. Aveugles mutilés.
Professions et Métiers d'Aveugles. Familles et Ménages d'Aveugles
Assistance générale et rééducation professionnelle.
Assistance régionale.
Association Valentin Haüy. Écoles-Ateliers de Montpellier.
Liste des Souscripteurs.

par

Le PROFESSEUR H. TRUC

MÉDECIN-MAJOR DE 1re CLASSE
CHEF DU CENTRE OPHTALMOLOGIQUE DE LA 16e RÉGION
OFFICIER DE LA LÉGION D'HONNEUR

MONTPELLIER
Imprimerie Générale du Midi

1917

N°152

PUBLICATIONS ANTÉRIEURES

SUR LA

CÉCITÉ ET LES AVEUGLES

1. La cécité dans la région de Montpellier. *Montpellier Médical*, 1893.
2. Assistance, éducation et instruction des aveugles, *Montpellier Médical*, 1895.
3. De la course-gymnastique chez les aveugles. *Congrès des Aveugles*, 1900.
4. Des aveugles en France. *Société française d'ophtalmologie*, 1902.
5. Degrés et limites de la cécité. *Annales d'Oculistique*, 1903.
6. Valeur pratique de l'acuité visuelle 0,1 comme limite supérieure de la cécité. *Société française d'ophtalmologie*, 1904.
7. Histoire de l'ophtalmologie à l'Ecole de Montpellier, du XIIe au XXe siècle (avec le docteur P. Pansier), 1 vol. grand in-8°, 404 pages et 26 fig., Maloine, Paris, 1907.
8. Nouveaux éléments d'ophtalmologie (avec les docteurs Valude et Frenkel). 2e édition, grand in-8°, 986 pages et 300 figures. Maloine, Paris, 1910.
9. Inspection oculistique des Ecoles et prévention de la cécité. *Congrès des typhlophiles*, Paris, 1910.
10. L'Hospitalisation des aveugles dans la région de Montpellier (avec M. Ferrasse et le Dr Pezet), *Montpellier Médical*, 1910.
11. L'Assistance des aveugles dans l'Hérault (avec M. Ferrasse et le Dr Pezet), *Montpellier Médical*, 1910.
12. Conditions générales et capacités des aveugles, *Montpellier Médical*, 1910.
13. Hygiène oculaire et inspection des Ecoles (avec le Dr P. Chavernac), 3e édition, 1 vol. in-8°, 244 p. et 35 fig., Maloine, Paris, 1911.
14. Des moyens d'éviter la cécité à l'Ecole. *Congrès international d'Hygiène scolaire*, Paris, 1911.
15. L'Assistance des Aveugles dans la région de Montpellier. *Congrès international d'assistance publique et privée de Montpellier*, 1914.

ÉCOLES-ATELIERS
DES SOLDATS AVEUGLES & AVEUGLES DE GUERRE
DE L'ASSOCIATION VALENTIN HAÜY DE LA RÉGION DE MONTPELLIER
ARDÈCHE, AUDE, AVEYRON, GARD, HÉRAULT, LOZÈRE, PYRÉNÉES-OR., TARN

SOLDATS AVEUGLES
AVEUGLES DE GUERRE

Conditions générales et capacités des Aveugles.
Conditions spéciales des Soldats aveugles et Aveugles de guerre.
Demi-aveugles. Aveugles mutilés.
Professions et Métiers d'Aveugles. Familles et Ménages d'Aveugles
Assistance générale et rééducation professionnelle.
Assistance régionale.
Association Valentin Haüy. Écoles-Ateliers de Montpellier.
Liste des Souscripteurs.

par

Le PROFESSEUR H. TRUC

MÉDECIN-MAJOR DE 1ʳᵉ CLASSE
CHEF DU CENTRE OPHTALMOLOGIQUE DE LA 16ᵉ RÉGION
OFFICIER DE LA LÉGION D'HONNEUR

MONTPELLIER
Imprimerie Générale du Midi

1917

AVANT-PROPOS

Les Ecoles-ateliers des Soldats-aveugles et Aveugles de guerre de la région de Montpellier ont pour objet leur assistance générale et leur rééducation professionnelle.

Cette institution nouvelle est analogue à celle du groupe régional de l'Association Valentin Haüy, mais absolument autonome au point de vue budgétaire.

L'œuvre des aveugles civils est déjà ancienne, avec l'école pour les enfants, l'atelier pour les hommes et les femmes, l'hospice pour les vieillards et le patronage pour tous ; elle est largement outillée et répond aux principaux desiderata de l'assistance régionale.

L'œuvre des soldats-aveugles et aveugles de guerre est naturellement récente, comprend des classes de Braille et de dactylographie, des ateliers de brosserie, de chaiserie, le massage, l'accord des pianos ; elle est complétement organisée et satisfait à tous les besoins correspondants.

L'œuvre civile et l'œuvre militaire devaient rester indépendantes en raison de l'origine différente de la cécité, des situations sociales diverses et des nécessités économiques de certaines régions.

Nous indiquerons ici les conditions générales et

capacité des aveugles, les conditions spéciales des soldats-aveugles et aveugles de guerre récemment exposées dans une ancienne conférence et quelques autres sujets spéciaux publiés dans plusieurs articles du *Petit Méridional* ou de *l'Eclair de Montpellier*, que nous reproduisons *textuellement*.

Ces divers articles traitent les points suivants : demi-aveugles ; aveugles mutilés ; professions et métiers d'aveugles ; familles et ménages d'aveugles ; état physique et moral des soldats-aveugles : assistance générale rééducation professionnelle ; assistance régionale. Nous complétons ces brèves études par un résumé de l'action de guerre de l'Association Valentin Haüy, un aperçu de l'Œuvre et des Ecoles-Ateliers de la Région de Montpellier, enfin par la liste des élèves et celle des souscripteurs.

Montrer ce que sont les soldats aveugles et ce qu'on leur doit; multiplier les sympathies ambiantes; accroître leurs ressources matérielles et professionnelles ; contribuer, en un mot, à leur refaire une vie heureuse : tel est notre but.

Puissions-nous l'atteindre !

Nous appelons *Soldats-Aveugles*, les réformés ou non réformés qui comptent encore dans l'Armée et *Aveugles de Guerre*, les réformés qui ont obtenu la liquidation de leur pension de retraite et n'appartiennent plus à l'Armée.

CAPACITÉS DES AVEUGLES

La connaissance de l'aveugle comprend certaines notions préliminaires, son état physique, moral et intellectuel, enfin ses capacités correspondantes. Nous les exposerons successivement.

GÉNÉRALITÉS. — Qu'est-ce tout d'abord qu'un aveugle ?

La question peut paraître banale et quelque peu naïve. Elle est en réalité très délicate et fort discutée, même parmi les ophtalmologistes.

Les certificats administratifs ou juridiques, à cet égard, manquent de précision ; les établissements spéciaux refusent parfois de vrais aveugles et acceptent des clairvoyants ; les statistiques officielles laissent aux maires le soin parfois fantaisiste d'établir exactement la liste de leurs aveugles communaux.

L'aveugle ? c'est le prisonnier suprême, dit Gounod ; c'est un emmuré, dit Louis Descaves ; c'est celui qui ne voit rien, c'est un blessé des yeux qui ne peut compter les doigts à 1 mètre, etc.... Tout cela est sentimental ou vague. En réalité, la cécité n'est pas une ; il y a des degrés et une limite de la cécité qu'il faut déterminer, que je me suis appliqué personnellement à établir, et que j'ai réussi à faire accepter par la généralité des oculistes.

Un premier tiers environ des aveugles ne voit rien du tout : $V = O$; un second tiers ne distingue que la lumière ou la clarté : $V = Q$; un dernier tiers reconnaît les gros objets et peut se conduire dans les endroits familiers, mais ne peut travailler visuellement : $V < 0.1$.

Il faut en tout cas se placer au point de vue de l'assistance sociale et dire que la cécité est un état morbide, congénital ou acquis, constitué par l'absence ou l'insuffisance définitive de la vision. C'est l'incapacité visuelle de s'orienter, de travailler et de subvenir à ses besoins. L'aveugle est, en somme, celui dont la vision est nulle, quantitative, ou inférieure à 0,1 de la normale ; c'est l'incurable visuel qui ne peut matériellement se suffire.

Bien entendu, l'incapacité sera plus ou moins complète selon l'âge, le sexe, la constitution, l'intelligence et l'éducation du patient.

Y a-t-il en France beaucoup d'aveugles ? 40.000 en 1885 et 27.000 en 1900 : mais ces chiffres sont seulement approximatifs. Il n'y en a pas plus qu'ailleurs cependant : 1/1.000 environ. 1/10 sont des enfants, 1/10 des vieillards, 8/10 des adultes ; deux tiers d'hommes et un tiers de femmes ; enfin moitié des enfants vont à l'école.

On naît parfois aveugle, mais plus souvent on le devient par maladies cérébrales ou médullaires, par ophtalmies diverses, depuis l'infection du nouveau-né, les granulations, les affections phlycténulaires et lacrymales, les troubles de la rougeole, la variole, l'albuminurie et le diabète, jusqu'au glaucome et à la sympathie.

Les traumatismes, chez les enfants et les adultes, sont multiples et variés. Nous connaissons, chez les adultes, les explosions de mines, les blessures d'ateliers, les accidents de chasse, le vitriol passionnel ; chez les enfants, les piqûres de plumes, les coups de couteaux, etc. Quelques cas sont extraordinaires, étranges même, cités déjà par Maxime du Camp : une fillette a les yeux crevés par un pinson ami ; une autre, par un coq familier.

J'ajouterai la myopie progressive, héréditaire et compliquée, que l'on croit bénigne et négligeable, tandis que par des hémorragies, des inflammations musculaires et des décollements, en dehors de tout traitement, elle fait en réalité nombre d'aveugles.

Parmi les cas de cécité, beaucoup sont évitables; un tiers environ. Et c'est pour cela que les traitements oculistiques sont précieux, que la prophylaxie est à développer, qu'il faut dans les écoles et jusque dans la famille, faire pratiquer l'examen visuel des jeunes enfants.

Etat physique. — L'expression physionomique réflète volontiers le caractère individuel. L'œil, dit l'Evangile, est le miroir de l'âme ; miroir éclatant chez le clairvoyant, terne ou brisé, chez l'aveugle.

Les yeux des aveugles sont parfois de grands beaux yeux limpides, aux pupilles dilatées, fixes ou trop mobiles, dardant vers le ciel un regard vide et incertain. Mais ce sont trop souvent aussi des yeux étranges, inégaux, décolorés, perdus parmi des paupières déformées; des moignons irréguliers, atrophiques ; des saillies staphylomateuses ou buphtalmies quasi monstrueuses, ou encore le vide béant de l'énucléation parmi des paupières déviées et sans cils.

Rien n'est plus attristant que la contemplation d'une réunion d'aveugles : des yeux ravagés et attentifs, roulant en des orbites creuses, exposés au jour cru des lumières ou demi-cachés derrière de grosses lunettes.

Lucien Descaves, dans son roman *Les Emmurés*, à une réunion de l'Institution nationale des aveugles, nous décrit, en poète impressionné, ce parterre d'yeux fanés, cet enclos de cryptogames insolites, ce verger de fruits blets, becquetés et rabougris.

C'est là ce que Descaves appelle, dans son fastueux langage, le jardin de la cécité.

La physionomie générale de l'aveugle ? On la connaît également. L'un, les yeux béants, promène en tous sens son regard vide ; l'autre, le front bas, semble méditer sur son triste sort ; celui-là, les paupières délabrées, reste un malade souffrant, craignant le jour et la poussière ; celui-ci, les orbites vides, les paupières closes, est comme endormi. La plupart, conscients de leur infirmité, portent des lunettes à verres foncés bleus ou noirs ; ils ont une démarche gauche, hésitante ou saccadée, s'aidant d'un bâton, d'une canne, ou du bras l'un guide.

Leur physionomie sérieuse, leur maintien réfléchi, leur hésitation attentive, les révèlent aux clairvoyants ; et je ne parle pas des aveugles mendiants, des chiens, du délabrement des costumes, de la misère physique, des plaques-certificats et de la sébile qui les signalent à la charité publique.

Dans certains milieux ouvriers ou bourgeois, chez les aveugles instruits, la tenue reste correcte et gracieuse, volontiers souriante, presque normale. Beaucoup ont une allure délibérée et vont seuls en tout lieu. Avec des yeux d'apparence saine, ils semblent clairvoyants et l'on peut s'y tromper : telle une jeune fille qui avait dansé toute une soirée sans que ses cavaliers se fussent aperçus de sa cécité. Je fus moi-même, certain soir, dans un village, piloté par un aveugle, en diverses maisons, au bureau de tabac, etc. ; le lendemain, en excursion, il m'indiquait les paysages, les habitations et les particularités de la route. Cet aveugle était par surcroît, bon organiste, joueur de piquet, etc. ; et chaque soir, trompé par son naturel, on le reconduisait jusqu'à la porte, avec la lampe, comme un clairvoyant.

Au point de vue somatique ou corporel, le jeune aveugle, le plus souvent, semble mal développé. Il est peu vigoureux, médiocrement musclé, à poitrine plate ou étroite. On trouve chez lui des traces de scrofulose, de rachitisme, des tares diverses, selon les maladies initiales qui ont entraîné la perte de la vue. Adulte ou vieillard, il acquiert d'ordinaire une apparence plus robuste.

Physiologiquement, l'aveugle présente les mêmes conditions que le clairvoyant, en dehors des troubles céphaliques ou médullaires concomitants de la cécité.

La sensibilité générale paraît normale à la douleur, à la chaleur, au contact.

Le toucher digital n'est pas supérieur à celui du clairvoyant, au contraire ; il serait plutôt inférieur, mais plus éduqué ; certains aveugles auraient besoin d'user leur pulpe digitale à la pierre ponce pour la débarrasser des callosités occasionnelles et la rendre plus sensible.

Le tact à distance, sensation d'approche ou sens des obstacles, paraît relever surtout de la sensibilité cutanée de la face.

Le goût, l'odorat, l'ouïe, sont plus ou moins normaux. Je connais des cas d'anosmie et aussi des aveugles durs d'oreille ; d'ordinaire, l'ouïe est très exercée et très fine : la réaction auditive, d'après Mac Douzat, de New-York, est plus courte dans l'obscurité qu'à la lumière.

L'association des diverses infirmités avec la cécité n'est pas rare. J'ai rencontré, il y a quelques années une grande fille sourde-muette, aveugle, anosme, bossue, subparaplégique et heureusement enfin un peu faible d'esprit.

Quoi de pire : la cécité ou la surdité, sinon les deux ?

La poétesse Bertha de Calonne était sourde et aveugle et déplorait surtout sa surdité.

Gounod trouvait aussi la surdité plus cruelle que la cécité, et Alfred de Vigny en donne, dans *Stello*, une explication plausible. Pour moi, ainsi que chacun sans doute, avant d'opter entre la cécité et la surdité, je ferais comme ce gourmand de Brillat-Savarin, avant de décider entre le bourgogne et le bordeaux : je demanderais, dis-je, à réfléchir toute la vie.

L'aveugle se tient plutôt mal, car il n'a pas la sensation ambiante de la tenue correcte. Souvent affaissé, courbé, dévié, il reste en mauvaise posture. Son costume, ses ongles, ses oreilles, laissent volontiers à désirer. Mais n'est-ce pas ainsi chez beaucoup de clairvoyants ?

Chez l'aveugle, le rire est plutôt rare et le sourire absent, ce qui donne un aspect volontiers morose, triste ou sévère. Chez quelques-uns, toutefois, c'est plutôt la franche gaieté ou la grâce du sourire.

La parole est réfléchie, pesée, correcte, le geste sobre. Selon l'âge, le sexe ou le caractère individuel, la marche est prudente ou décidée, avec ou sans canne, seule ou accompagnée. La course est exceptionnelle. Le jeu est normal, parfois bruyant. A l'école, les enfants sautent, luttent, jouent presque comme les clairvoyants. Ils montent sur les échasses, font de la gymnastique, etc. Ils s'amusent avec les clairvoyants et quelquefois avec eux plus volontiers qu'avec leurs semblables. Une fillette jouait volontiers à colin-maillard avec une aveugle : celle-ci, au moins, disait-elle, ne triche pas.

A table, tenue individuelle, mais souvent irrégulière, plus ou moins défectueuse. Les aveugles pré-

fèrent manger en famille ou entre eux, craignant
peut-être avec des étrangers quelques incorrections
ou maladresses involontaires. J'en ai rencontré plusieurs cependant de parfaites manières.

Sommeil, rêve, hallucinations, troubles mentaux,
chez les aveugles, sont assez discutés.

Le sommeil est normal. Le rêve est plutôt non-vi-
suel et à la longue toujours extra-visuel.

Les aveugles rêvent, comme les clairvoyants, des
phénomènes de la vie courante : mais ils rêvent avec
des sensations gustatives, auditives, tactiles, etc.,
presque jamais visuelles.

Les rêves visuels ne se présentent pas chez les
aveugles-nés, mais quelquefois, en s'atténuant, chez
les aveugles tardifs, après 5 et 10 ans. Un anglais,
aveugle à 6 ans, se représentait sa mère comme il
l'avait vue, toujours jeune, blonde et belle. Un autre, dans des conditions analogues, voyait ses frères
enfants ; et ceux-ci devenus banquiers, politiciens,
etc., il riait en les imaginant tous enfants assis
gravement à leurs bureaux ou discourant à la tri-
bune du Parlement.

Les hallucinations de la vue existent quelquefois.

Les aveugles, dit le docteur Max Simon, dans ses
Maladies de l'esprit, ne sont pas exempts des hallucinations de la vue

« J'ai eu longtemps dans mon service, dit-il, un
aliéné persécuté et aveugle, qui voyait des fan-
tômes descendre sur sa tête : en outre il se disait
entouré tantôt par ses parents, tantôt par des enne-
mis acharnés à sa perte. Enfin, j'ai connu une dame,
appartenant à la plus haute aristocratie, et qui devenue aveugle dans sa vieillesse, aperçut un jour, cou-
chée dans son berceau, l'image hallucinatoire d'une
sœur qu'elle chérissait. »

On en cite plusieurs autres exemples.

Quant aux troubles mentaux, ils sont exceptionnels. Bouisson cite le cas d'un de ses opérés de cataracte qui fut, par l'opération, guéri de la cécité et de la folie concomitante. Par contre, Zenne rapporte celui d'Engel, musicien berlinois, qui était lunatique clairvoyant et fut guéri par la cécité.

Etat Moral. — L'aveugle de jadis était le mendiant par excellence. Il vivait en marge de la société, infirme sacré, musicien ambulant, ou traîné par son chien et tendant sa pauvre sébile. Le christianisme en fit l'objet de sa charité. Saint Louis l'organisa en corporation aux Quinze-Vingts. Valentin Haüy enfin, le remit dans la société et, par l'instruction spéciale, le rendit à la dignité humaine.

L'aveugle est aujourd'hui éminemment sociable, capable d'action personnelle et de relations générales. Il vit en famille, à l'atelier, dans le monde; mais il semble néanmoins préférer la société des aveugles à celle des clairvoyants.

Le sentiment familial est normal. Père, mère, frères et sœurs, tous sont objet d'affections variées. La réciproque est de règle. Peut-être même existe-t-il, à l'égard de l'aveugle, un excès de dévouement familial. On entoure le malheureux, on le conduit par la main, on tremble pour lui et on lui épargne le moindre effort, la plus légère initiative jusqu'à négliger son instruction, son éducation et le rendre absolument incapable. Dieu préserve l'aveugle-né d'une mère qui fait tout pour lui ! dit justement l'abbé Carton. Chez les grands mêmes, toute action et toute initiative doivent être favorisées. L'aveugle doit graduellement aller, venir, se servir lui-même, se suffire pour les besoins intimes de la vie.

L'amitié est fréquente entre aveugles, à l'école ou à l'atelier ; entre aveugles et clairvoyants, il y a plutôt des nuances de familiarité que de réel abandon.

La sympathie résulte surtout de l'impression physionomique et du caractère chez le clairvoyant. Chez l'aveugle, c'est aussi le caractère mais surtout la voix, le toucher, l'odorat. La pression de la main est plus ou moins significative. Il y a d'ailleurs une physionomie auditive comme une physionomie visuelle qui indique l'âge, le sexe, les sentiments. Les intonations de la parole en sont comme le contour.

La parole, avec ses nuances infinies, révèle à l'aveugle l'âge, le sexe, les conditions de l'interlocuteur ; elle reste dans sa mémoire comme une physionomie dans nos yeux ; la phonographie correspond, pour eux, à notre photographie.

La pudeur est surtout auditive et très manifeste.

L'amour existe naturellement chez l'aveugle. « Quand on ne cultivera plus nulle part, dit poétiquement Descaves, la petite fleur bleue, c'est sur les rives de la cécité qu'il en faudra chercher le parfum. » Il semble cependant plutôt rare entre aveugles, et c'est fort heureux pour le ménage et l'hérédité ; question d'instinct et d'oreille. Un aveugle devait se marier ; opéré et guéri de la cécité, il vit sa fiancée et ne voulut plus l'épouser ; il se l'était sans doute imaginée autrement ; mais cela n'arrive-t-il pas aux clairvoyants, et l'amour n'est-il pas ordinairement aveugle ? Le célibat reste donc le lot habituel de l'aveugle.

L'aveugle semble peu expansif, du moins avec les clairvoyants. Il reste réservé à l'égard de l'entourage étranger ; c'est plutôt méfiance que modestie. On constate d'ordinaire, en effet, beaucoup d'amour-propre et parfois une certaine suffisance, voire quelque vanité. N'est-ce pas le résultat de l'éducation familiale et de l'effort individuel pour la vie sociale ou professionnelle, et beaucoup de clairvoyants, par surcroît, ne sont-ils pas ainsi ?

« Comme parmi les voyants, dit Maxime du Camp, il y a parmi les aveugles des êtres atteints d'une vanité que rien ne justifie et qui les rend désagréables dans le commerce de l'existence. Cette vanité est d'autant plus agressive, d'autant plus susceptible, que l'aveugle est de basse extraction, qu'aux jours de son enfance il a servi de jouet à des camarades sans pitié, qu'il a été délaissé dans un coin des étables et enfermé au logis pendant que les gars allaient à « l'assemblée ». Il a été admis à l'Institut des Jeunes Aveugles, l'instruction qu'il y a reçue lui a fait croire qu'il s'emparait de la science universelle ; ses parents rustiques se sont étonnés de sa sagacité et ont admiré les connaissances qu'il avait acquises ; il en a conclu qu'il était doué de facultés exceptionnelles, puisque sa cécité ne l'empêchait pas de s'approprier des notions qui semblent être des privilèges de la vue. »

L'amour-propre est surtout physique : les aveuglent n'aiment pas qu'on les plaigne, qu'on s'apitoie sur leur infirmité. Ils sont heureux de pouvoir témoigner de leur validité physique et morale, même parmi les enfants : un père clairvoyant et son fils aveugle dînaient ensemble à la tombée de la nuit, et bientôt, n'y voyant plus assez, le père demande une lampe : faut-il être infirme, dit l'aveugle, pour ne pouvoir dîner sans lumière !

L'orgueil, la colère, la dissimulation et le mensonge s'observent chez l'aveugle comme chez le clairvoyant.

Chez les femmes, la réserve, la bonne tenue, la coquetterie sont naturelles. Elles tiennent beaucoup à paraître comme les autres et s'intéressent aussi à la toilette. Elles vont cependant rarement dans le monde.

La religion est encore généralement la base morale des aveugles. Elle est dans leur éducation générale et familiale. L'origine religieuse de la plupart des institutions explique sans doute cette tendance spirituelle.

Il existe de nombreux aveugles religieux ; les sœurs aveugles de Saint-Paul en sont de touchants exemples. C'est là, comme dit M. de la Sizeranne, dans sa belle étude personnelle, une vocation par grâce et non par disgrâce.

La morale religieuse n'empêche pas d'ailleurs, chez l'aveugle, la morale civique ; elle l'élargit plutôt. Et c'est pourquoi le crime et le suicide sont rares parmi eux.

Leur criminalité est infime. A l'époque où l'on exécutait encore les assassins, on n'a vu guère de supplicié aveugle ; on n'en cite qu'un cas, ancien, celui d'un pensionnaire des Quinze-Vingts qui avait rempli une bûche de poudre pour faire sauter ceux qui entouraient le foyer ennemi. Tout récemment un musicien ambulant aveugle, âgé de 25 ans, à Dunkerque, dans un accès de jalousie conjugale, a saisi sa femme par l'épaule et l'a tuée de trois coups de revolver ; il s'est logé ensuite deux balles dans la poitrine.

Le suicide, chez l'aveugle, n'est pas moins rare que le crime. En dehors du meurtrier de Dunkerque, on n'en connaît que trois cas, et toujours par amour.

Ét at Intellectuel. — L'intelligence des aveugles n'est pas inférieure à leur moral ; mais il faut distinguer. Dans nos écoles régionales, je le répète, un tiers des aveugles est, à cet égard, normal, un tiers médiocre, un tiers inférieur. Il y a quelques sujets supérieurement doués, mais la moyenne est inférieure. Et cela se conçoit aisément. D'une part, les maladies nerveuses congénitales ou acquises qui ont provoqué ou accompagné la cécité, agissent fâcheusement sur l'intellect ; d'autre part, la misère, l'instruction plus difficile, l'absence de sensations visuelles, entraînent d'ordinaire un développement cérébral défectueux.

Certaines qualités intellectuelles compensent heureusement cette infériorité : attention, application, mémoire, jugement et raisonnement.

L'attention est tout intérieure et comme exaltée par la cécité. Chacun sait qu'en fermant les yeux on est plus réfléchi. Et je ne parle pas du sommeil, qui comporte une explication différente, en dehors même de l'obscurité. Newton y trouvait les meilleures solutions. Voltaire y aurait puisé l'idée de la *Henriade* et Dante celle de la *Divine Comédie*. Milton dictait à toute heure de la nuit son *Paradis Perdu*.

L'aveugle montre une application soutenue, plus soutenue que le clairvoyant, à l'école, à l'atelier, etc. ; l'heure n'importe guère. Habitué à l'obscurité, celle-ci ne le gêne pas. Le jugement et le raisonnement sont plus ou moins exercés.

La mémoire n'est pas primitivement supérieure chez l'aveugle ; elle le devient seulement par l'exercice, selon les dispositions individuelles.

L'aveugle s'applique à retenir les sensations tactiles, odorantes, gustatives, surtout sonores et il en tire les conclusions utiles. Il se rappelle les irrégularités de la route, le timbre d'une voix, l'odeur d'un sentier, la disparition d'une maison, les meubles dans une pièce, etc. ; à la ville ou à la campagne, ses impressions sensorielles sont singulièrement variées et évocatrices.

C'est ainsi que les aveugles se conduisent, reconnaissent les gens, leurs changements divers, etc. A Paris, les aveugles des Quinze-Vingts, jadis, les jours de brouillard épais, s'offraient parfois, dit-on, comme cicerone des clairvoyants.

L'intelligence des aveugles s'applique avantageusement à la lecture et à l'écriture Braille, simple ou abrégée. Il ne leur faut pas plus longtemps qu'aux clairvoyants pour apprendre à lire et écrire et ils lisent presque aussi vite avec les doigts que

nous-mêmes avec les yeux. Ils écrivent en points
ou à la machine, très rapidement.

La géographie est étudiée sur des cartes en relief,
le calcul avec des dés à points saillants ; la géomé-
trie, la mécanique,ou la zoologie, etc., avec des
objets *ad hoc*. Les monnaies, les billets de banque,
sont très exactement appréciés. Quant aux divers
instruments de musique, piano, orgue, en bois,
cuivres et cordes, ils restent absolument à la portée de
tous les aveugles.

Une particularité semble relative à leur voca-
bulaire.

Beaucoup de mots sont tirés, nous le savons, de
nos sensations visuelles. Eh, bien ! les aveugles les
emploient couramment, par convention. Ils parlent
de courbes, de tracés, de teintes, sans se rendre
compte directement de leur valeur exacte. Beaucoup de clairvoyants font de même. On cite volontiers topaze, améthyste, rubis, œufs d'autruche, etc.,
sans avoir jamais rien vu de semblable.

En est-il de même des couleurs ?

Parler d'une chose totalement ignorée comme un
aveugle des couleurs, est une expression familière.
On a dit, cependant, que les aveugles pouvaient
les apprécier. Les véritables aveugles, non ; les
demi-aveugles, évidemment.

Peut-être certaines couleurs industrielles sont-elles
différentes au toucher et peuvent-elles être exceptionnellement différenciées.

Ce qui est certain, c'est que les aveugles se représentent les couleurs avec des tonalités spéciales,
surtout auditives et musicales : rouge-trompette,
jaune-flute, vert-clarinette, bleu-violet, blanc-piano,
noir-basse.

Il ne faut pas confondre toutefois ces représen-
tations psychiques des couleurs avec l'audition colorée, dans laquelle il y a association sensorielle

anormale morbide et où les lettres provoquent des sensations coloriées déterminées, comme chez Verlaine, Guy de Maupassant, etc.

En résumé, les aveugles présentent les qualités morales et intellectuelles des clairvoyants, à doses individuelles ; de même ils possèdent nos qualités et nos défauts, au point de vue personnel, familial et social. Ce qui les caractérise parfois, c'est leur confiance en eux-mêmes et leur réserve ou leur méfiance avec autrui ; c'est leur développement éducatif de l'attention, du raisonnement et de la mémoire ; c'est le perfectionnement raisonné du toucher, de l'ouïe et du goût ; c'est enfin leur labeur, leur ténacité, leur volonté.

Ces conditions favorables nous expliquent la possibilité de certaines fonctions sociales et les capacités diverses qu'il me reste à exposer.

CAPACITÉS DIVERSES. — Dans les conditions physiques, morales et intellectuelles que nous venons d'étudier, l'aveugle reste un infirme, un emmuré, disons simplement un entravé ; mais il possède aussi de précieuses ressources et de réelles capacités personnelles.

C'est un infirme, car le monde est fait surtout pour les clairvoyants ; c'est un mineur, car il ne peut se passer de tutelle sociale, et si la vue est un toucher lointain, c'est le myope du toucher par excellence. Jadis, il vivait en dehors de la société ; presque toujours mendiant, objet de piété ou de pitié, un zéro dans la vie. Et si le dévouement d'un Valentin Haüy, l'ingéniosité d'un Braille, l'assistance d'un La Sizeranne et des typhlophiles l'ont remis dans le courant social, il y reste pourtant inférieur.

L'incapacité de l'aveugle persiste donc, absolue ou relative : absolue pour un tiers, relative pour deux tiers, selon leur intelligence, leur fortune, leur entourage familial. Et c'est pour cela que l'assistance sociale des aveugles reste obligatoire dans les deux sexes, à tout âge, dans toutes conditions.

L'école pour l'enfant, l'atelier pour l'adulte, l'hospice pour le vieillard ou l'arriéré, le patronage pour tous : tels sont les éléments nécessaires de protection pour les aveugles. Cette organisation complète existe dans les grands centres. Dans les autres, on peut constituer seulement un atelier et un patronage, car c'est facile et peu coûteux.

A côté de l'incapacité absolue des aveugles arriérés, des malades et des séniles, il existe heureusement des capacités relatives nombreuses au point de vue professionnel, scientifique, littéraire, artistique, administratif, etc. Mieux encore, les aveugles distingués ne semblent pas rares ; quelques-uns même paraissent tout à fait éminents. Ce sont ces diverses capacités que je voudrais indiquer en même temps que quelques-uns de ces aveugles illustres ou distingués.

Les ouvriers aveugles sont rempailleurs, canneurs, brossiers, vanniers, etc. Les ouvrières s'occupent aussi de chaiserie ou de brosserie, et, en outre, de tricot, de perles, de sacs, etc. Le gain moyen est de 0 fr. 50 à 2 francs par jour, en moyenne le tiers ou la moitié du nécessaire.

Il existe des typographes, des dactylographes ; l'un d'entre eux, téléphono-dactylographe au *Petit Méridional*, à Montpellier, gagne 1.500 à 1.800 fr. par an. Les masseurs aveugles sont légion au Japon ; ils ont un long bâton pour se conduire et une flûte à deux tuyaux dont ils tirent un son prolongé pour s'annoncer. Il y en a en Russie, nous en avons un à Montpellier.

Les accordeurs de pianos témoignent d'une réelle aptitude professionnelle et sont très répandus ; ils

gagnent, tout aussi bien et dans les mêmes conditions que les clairvoyants, largement leur vie. Nous
en possédons deux à Montpellier ; on en trouve
dans la plupart des villes.

Il y a des négociants, des courtiers, des bouti-
quiers, des industriels aveugles. J'ai connu deux
marchands de journaux allant de porte en porte
distribuer tout seuls leurs numéros quotidiens.

D'autres sont plus haut placés : fonctionnaires ou
administrateurs, souverains même. On peut en citer
plusieurs : le comte de Dysard, lord lieutenant ou
préfet de Rutland ; le vicomte Midleton, à Surrey ;
le général Allegro, en activité, était gouverneur de
Gabès (Tunisie) ; Fawcett, mort en 1884, était
ministre des Postes et Télégraphes en Angleterre.
Il allait à cheval, canotait, patinait, etc. Il était
administrateur très attentif. On a pu ajouter plai-
samment qu'il était très regardant, avait l'œil à tout.
C'est un peu comme Gambetta qui avait toujours
un œil du côté de l'Allemagne, parce qu'il était
borgne et que son œil énucléé se trouvait, en effet,
dans le bocal d'un oculiste princier, le duc de
Bavière.

Nous connaissons enfin le roi Jean de Bohème qui,
aveugle, voulut mourir en combattant à Crécy parmi
ses chevaliers, et le roi Georges V, de Hanovre,
aveugle dès 1840, qui fut détrôné par la Prusse en
1806 et mourut à Paris en 1878.

Les carrières libérales comptent des avocats, des
médecins, des religieux, des professeurs aveugles :
Mgr de Ségur, prélat éminent ; le pasteur Backolck
et l'abbé Guiraud, prédicateurs de marque ; Penjon,
mort en 1864, professeur de mathématiques spéciales au Lycée d'Angers ; Saunderson Nicolas, professeur de mathématiques et d'optique à l'Université de
Cambridge.

Les artiste sont aussi nombreux. Musiciens,

pianistes, organistes, violonistes, ont d'ordinaire une certaine valeur, mais les compositeurs distingués semblent plutôt rares ; serait-ce donc que certaines idées harmoniques proviendraient de nos sensations visuelles ? Gueit, Moncouteau, Gauthier, en France, peuvent néanmoins être cités.

John Stanley, de Londres, au XVII° siècle, paraissait aussi célèbre compositeur que virtuose.

Kleinhaus était sculpteur tyrolien.

Vidal, enfin, né à Nimes en 1832 et mort récemment, aveugle depuis l'âge de 22 ans, restait très estimé comme animalier. L'examen direct du lion dans sa cage est encore légendaire.

Les écrivains aveugles sont plus connus : le vieil Homère récitant l'*Iliade* et l'*Odyssée*, ainsi que le montre l'aveugle d'André Chénier, Tirésias, Démocrite, l'Abdéritain dans l'antiquité, Milton dictant à ses filles le *Paradis Perdu*, Delisle, Augustin Thierry continuant ses grandes publications historiques, Jacques Arago écrivant son grand voyage autour du monde.

J'ajouterai, parmi les poètes, Malaval le Marseillais, Avisse, Mme Galeron de Calonne, l'auteur de *Dans ma nuit*, avec préface de Carmen Sylva (la reine de Roumanie) et aussi le professeur Guilbeau, de l'Institution Nationale.

Les articles, les revues, les romans, les ouvrages didactiques des aveugles sont trop nombreux pour être indiqués : les noms de Maurice de la Sizeranne, Guilbeau, Javal, sont les plus connus.

Bourgoin a fait applaudir, en 1901, à Avignon, *Une soirée au Quartier Latin*, opéra-comique en 2 actes, et Tréport eut un succès au Théâtre de la Renaissance avec son opéra-comique *Martin et Martine*.

L'Américain Campbell a fait l'ascension du Mont-Blanc ; Guilbeau, Syme et Vieilhomme ont exécuté celle de Champrousse, en Dauphiné.

Un des ouvriers aveugles des ateliers de brosserie de Montpellier s'est montré nageur et plongeur émérite. En 1899, deux jeunes gens s'étaient noyés dans le bas-fond de la Mosson et on n'avait pu retirer leurs cadavres. Notre aveugle nagea vers le point indiqué, et après plusieurs plongeons ramena successivement les corps des noyés.

Veut-on, chez les aveugles, des titres scolaires, universitaires ou honorifiques ? Beaucoup d'élèves, garçons ou filles, en province comme à Paris, obtiennent le certificat d'études, les brevets, les baccalauréats : Mlle Emma Ozouan, le brevet supérieur ; Alfred Tirot, Sternheim, le baccalauréat. Il n'est pas jusqu'aux licences ou doctorats, aux grandes écoles et à l'agrégation que les aveugles ne puissent prétendre, exceptionnellement. Eugène Melen, de Verviers (Belgique), est docteur en droit ; Charles Léon est devenu récemment agrégé de philosophie et professeur de Lycée ; Pierre Villey, 1er prix d'histoire et de philosophie au Concours général, a été reçu le 5e à l'École normale supérieure et est aujourd'hui professeur de Faculté.

Tout reste donc possible à l'aveugle valide, bien doué, laborieux et intelligemment soutenu. Grâce aux méthodes nouvelles, à l'assistance matérielle, morale et intellectuelle, on voit les aveugles ordinaires suivre la vie courante et des aveugles distingués, figurer dans la vie scientifique, littéraire et artistique. Ils ne sont plus des parias, des emmurés, à peine des entravés. Grâce à Valentin Haüy qui les a guidés, à Braille qui les a dotés de l'écriture rapide, à la dactylographie, à la phonographie, grâce aux protecteurs comme M. de la Sizeranne, grâce enfin aux typhlophiles ou amis des aveugles, l'avenir leur appartient, presque comme aux clairvoyants Ils en ont l'instruction, l'éducation, les émotions artistiques. Beaucoup vivent de leur travail.

D'aucuns ont fondé des familles honorables. Leur
vie est ainsi pleinement remplie. Ils peuvent goûter
presque toutes les satisfactions des clairvoyants.
Pourquoi pas le bonheur aussi ? Il en est pour
l'aveugle comme pour nous : le bonheur, c'est d'en
donner à autrui, le bonheur appartient à qui fait
des heureux (Delille) ; il est surtout en soi et dans
ceux qu'on aime. Une femme aveugle, gracieuse
poète, notre Bertha Galeron de Calonne, l'exprime
délicieusement, et je citerai, pour finir, les derniers
vers d'une de ses plus jolies pièces à son mari, intitulée : *Qu'importe ?*

Mes yeux sont fermés, mais qu'importe l'ombre !
J'ai trop de rayons et j'ai trop de jour
Pour qu'il puisse faire en moi jamais sombre.
Mes yeux sont fermés, mais qu'importe l'ombre,
    Puisque j'ai l'amour !

Conditions spéciales

des

SOLDATS AVEUGLES

Soldats aveugles ! Étrange association de mots et combien poignante ! Il faut cependant les étudier pour les mieux apprécier, surtout pour les aimer et les soutenir davantage dans leur longue nuit et leur immense détresse.

On connaît bien les mutilés des membres, amputés de bras ou de jambes, car ils sont légions et défilent dans nos rues. On sait moins les grands mutilés des yeux parce qu'ils ne sortent guère des hôpitaux et qu'on les croit exceptionnels. Et cependant, ils sont nombreux, toujours plus nombreux.

On compte actuellement plus de *deux mille* soldats aveugles, un pour dix borgnes ou dix amputés. Âgés de vingt à quarante ans, ils sont de toutes conditions militaires, professionnelles et sociales. Une moitié est célibataire, l'autre mariée, plus ou moins chargée de famille. Beaucoup de cultivateurs et d'ouvriers. Quelques officiers, un certain nombre de sous-officiers, la plupart simples soldats, surtout de l'infanterie. Pourquoi tant d'aveugles ?

, *Autrefois*, dans les guerres antérieures, mêmes les plus récentes (russo-japonaise, sud-africaine, balkanique), les cas de cécité étaient relativement rares, presque exceptionnels. La guerre restait limitée, la campagne de courte durée, plutôt de mouvements que de positions. Enfin et surtout les tranchées, avec leurs multiples engins destructeurs, n'étaient guère en cause.

Aujourd'hui, il en est tout autrement. La lutte, immense et sans fin, devient encore plus meurtrière et plus mutilante. D'une part, les obus, les bombes, les grenades et les shrapnells font rafales et, en raison de leur multiplicité, entraînent directement des lésions binoculaires ; d'autre part, dans les tranchées, la face se trouve particulièrement exposée. Le casque français, excellent, défend le crâne mais ne saurait protéger les yeux. Une balle cylindro-conique, à puissante pénétration, traverse l'orbite, expulse un globe oculaire et contusionne gravement l'autre ou bien elle frappe les tempes transversalement et coupe les deux nerfs optiques. Des fractures du crâne, avec ou sans corps étrangers, altèrent parfois définitivement les centres cérébraux de la vision. Enfin, de grosses « marmites » s'enfoncent profondément dans le sol et, comme un coup de mine, projettent violemment hommes et choses, mille éclats ou débris de métal, de pierre, de bois, qui détruisent les yeux par pénétration, éclatement ou ébranlement. La vision, en tous cas, est définitivement altérée.

*
* *

Dans les graves lésions directes, la vision disparaît d'emblée par destruction des organes ; dans les blessures moindres, avec corps étrangers, elle persiste davantage et ne s'éteint qu'à la longue, par complications inflammatoires ; dans les grandes commotions, les troubles visuels siègent dans les membranes profondes, choroïde et rétine, ou même restent purement fonctionnels, comme dans quelques explosions industrielles ou collisions de chemin de fer.

Les *mutilations extérieures* de la face sont ainsi très variables; complexes et étendues dans les lésions directes par éclats d'obus et balles ; limitées et discrètes dans les blessures temporales ou crâniennes ; souvent nulles dans les simples commotions. Mais il existe trop souvent encore des lésions multiples sur les membres, à la poitrine ou à l'abdomen, surtout à la tête, au nez et aux oreilles ; et l'on rencontre des aveugles boiteux, manchots, sourds et même sourds-muets !

Malgré les plus graves lésions oculaires, la cécité n'est pas toujours absolue. Chez les soldats comme chez les civils, il y a des *degrés de cécité*. Quelquesuns n'ont plus d'yeux ; ce sont les vrais enténébrés, les vrais emmurés de Descaves, et c'est la nuit noire. Certains, avec de pauvres moignons oculaires et des lambeaux de rétine, perçoivent encore la lumière. D'autres, avec des yeux délabrés, leucomateux, cataractés, ou diversement opérés, comptent encore les doigts à courte distance, distinguent les gros objets environnants, se conduisent seuls dans les endroits familiers. Quant à ceux affectés de simples troubles ophtalmoscopiques ou fonctionnels, ils conservent un aspect extérieur normal avec acuité visuelle plus ou moins étendue, d'ailleurs susceptible d'amélioration progressive.

Et ces diverses capacités visuelles, depuis la cécité absolue jusqu'à « un point de vue », ont une extrême importance morale, professionnelle et sociale. On n'est vraiment aveugle, ainsi que je l'ai

démontré et fait accepter par les oculistes français
et étrangers, qu'avec une vision définitivement inférieure à 0,1 de la normale ; à partir de cette limite
et au-dessus, on peut voir, s'orienter et même travailler visuellement ; on est, selon la formule consa-
crée demi-aveugle ou demi-voyant.

***

Que devient *le moral* dans ces diverses conditions?
Quelle est l'âme de nos soldats aveugles ?

La cécité brutale, subite, absolue, terrasse les
plus fermes volontés ; c'est l'écrasement dans l'irré-
médiable ; puis, si quelque vision, la moindre
lueur reparaît, c'est la résurrection. L'aveugle, au
début, espère toujours, malgré tout ; il guette la
plus légère amélioration visuelle et, sans répit, son
moral monte ou descend au baromètre oculaire, jusqu'à l'équilibre définitif, moment révélateur des
suprêmes résignations ou des viriles énergies.

Certains aveugles deviennent si lamentables qu'il
faut les entourer, les surveiller contre un accès de
désespoir ; c'est heureusement exceptionnel. La plupart, graduellement, à tous les degrés de la cécité,
finissent par admettre l'irréparable. Les plus vieux,
dans l'angoisse de l'avenir familial, s'y résignent
péniblement, tandis que les plus jeunes, en pleine
sève, escomptent quand même le lendemain : « Voilà
trois mois que je n'ai plus d'yeux et je n'y pense
déjà plus; je fais des brosses, je lis le Braille, j'écris
à la machine ; bientôt je rentrerai au village, je me
marierai, ma femme tiendra une petite mercerie et
je serai heureux ! »

Les yeux sont-ils d'ailleurs indispensables et les
autres sens ne peuvent-ils les suppléer ? Wells, *Au
pays des aveugles*, Willey, dans *le Monde des aveugles*, l'observation journalière aussi, il faut le dire
bien haut, démontrent le contraire. Un de nos bles-

sés, dont une balle avait emporté les deux globes oculaires et la racine du nez, se demandait en riant s'il ne regrettait pas davantage son odorat que sa vision.

On n'est pas triste, d'ailleurs, chez les aveugles. Ils se conduisent, travaillent, subviennent à leurs besoins ; ils s'intéressent aux affaires et s'attachent aux amis ; leur joie grandit toujours dans les capacités reconquises, les efforts réalisés, les difficultés vaincues, les devoirs accomplis. N'est-ce pas encore le bonheur ? L'assistance morale, professionnelle et sociale hâtera cette heureuse résolution. Pour finir, nous l'étudierons bientôt. Elle en vaut la peine.

DEMI-AVEUGLES DE GUERRE

Cette question semble presque ignorée ; on connaît plus ou moins les demi-voyants civils (1) mais fort peu les demi-aveugles militaires. Elle est cependant de poignante actualité et nous nous proposons de l'esquisser dans ses grandes lignes.

⁂

Demi-voyants et demi-aveugles ne sont pas absolument identiques, car les uns se rattachent mentalement aux aveugles et les autres aux clairvoyants, mais on les confond volontiers. Certains demi-aveugles d'ailleurs semblent presque voyants et quelques demi-voyants paraissent vraiment aveugles. C'est que la cécité, de l'obscurité complète a « un point de vue », du côté physiologique ou social, présente plusieurs degrés.

La cécité physiologique peut être absolue, sans la moindre perception lumineuse, ou bien relative, avec sensation de la lumière simple ou colorée et même avec perception des gros objets rapprochés.

La cécité sociale, celle qui exige l'assistance correspondante, est uniment l'état visuel définitif (car cécité implique incurabilité) ne permettant plus de travailler avec les yeux pour subvenir à ses besoins. (2).

---

(1) Jacqueline THEVENIN. Les Demi-voyants. *Le Valentin Haüy*, octobre 1908 et novembre 1908.

(2) H. TRUC. *Société française d'ophtalmologie* 1902 et 1904. *Annales d'oculistique* mai 1903.

Nous avons établi jadis et démontré expérimentalement que la limite supérieure de la cécité sociale correspond à un dixième de la vision normale ; elle paraît acceptée à l'Etranger comme en France ; toutefois, pour ses besoins, l'armée l'a réduite à un demi-dixième ou un vingtième.

La donnée civile est ainsi un peu plus large que la donnée militaire, mais ne vaut-il pas mieux, au point de vue social, apprécier généreusement la cécité et ne pas marchander l'assistance ?

***

Les demi-aveugles militaires peuvent se diviser, comme les civils, en pathologiques et traumatiques ou malades et blessés, les malades étant naturellement plus nombreux chez les civils et les blessés, chez les militaires.

Les demi-aveugles de guerre pathologiques paraissent exceptionnels ; ce sont des myopes à décollements rétiniens, des glaucomateux, des avariés, des albuminuriques, etc.

Les demi-aveugles de guerre traumatiques deviennent légions et résultent de blessures oculaires, optiques ou cérébrales, par éclat d'obus ou de grenades, corps étrangers multiples, balles, commotions, etc.

Les statistiques officielles nous sont interdites mais nous savons, par l'Association Valentin Haüy (d'après les chiffres qu'avec son obligeance coutumière elle a bien voulu nous communiquer) que, sur 1000 soldats-aveugles, 769 ne distinguent plus la lumière, 152 la perçoivent encore et 79 ont une vision inférieure au dixième de la vision normale. C'est à peu près la proportion de l'Ecole de Montpellier (35, 10 et 3 sur 48 élèves).

Ces diverses conditions de cécité ont, pour les aveugles, une réelle influence morale et surtout une grande importance scolaire, professionnelle, sociale et militaire.

**

L'influence morale est évidente.

La cécité complète, surtout brutale et subite, terrasse les plus fermes volontés puis, si quelque lueur reparaît, c'est une véritable transformation. Que sera-ce donc si la moindre vision renaît, permettant de distinguer les êtres, les objets familiers ? Chez deux de nos aveugles, ce fut une résurrection morale. Il semble même que l'intellectualité soit affectée, à la longue, par la cécité absolue et que les idées de l'aveugle se modifient diversement. Quoi d'étonnant, en l'espèce, si l'origine de nos pensées se trouve véritablement dans les seules sensations extérieures ?

**

L'école spéciale paraît utile au demi-aveugle puisque celle du clairvoyant est essentiellement visuelle ; elle est d'autant plus nécessaire que sa maigre vision tend généralement à se réduire encore. Il en est souvent ainsi, chez les malades, dans les fortes myopies, les irido-choroïdites, les rétinites pigmentaires, les cataractes compliquées et, chez les blessés, dans les plaies oculaires profondes, avec ou sans corps étrangers.

Nous avons maintes fois dirigé vers l'école spéciale de jeunes demi-aveugles pour leur instruction primaire. Les parents, d'abord réfractaires, en ont bientôt apprécié les excellents résultats. C'est d'ailleurs conforme à une enquête correspondante du journal « Le Louis Braille » en 1905.

On avait même voulu généraliser et créer, dans les écoles d'aveugles d'Amsterdam, en 1892, des classes de demi-aveugles, des leçons particulières, un externat spécial ; mais les élèves étant trop peu

nombreux, de vision et d'intellectualité très inégales, il fallut y renoncer.

L'enseignement commun avec les aveugles semble donc préférable à tous égards. Les demi-aveugles,
dans les exercices scolaires, rendent de précieux services visuels. En classe, pour les travaux manuels,
ils deviennent des moniteurs ; en récréation, en promenade, ou gymnastique, ce sont des chefs de file.
N'en est-il pas ainsi dans d'autres écoles mixtes ? A
l'institution de Montpellier, aveugles, sourd-muets
et clairvoyants restent bons amis et font échange
incessant des meilleurs procédés.

Certes, comme on le dit des borgnes, chez les
aveugles les demi-voyants sont rois, mais ils n'abu-
sent guère de leur suprématie. Ils peuvent se grou-
per entre eux sans tyranniser leurs camarades.

Quelques métiers lucratifs toutefois sont plus à
leur portée ; ils économisent un guide et ils profi-
tent des patronages d'aveugles ; par contre, ils subis-
sent plus fréquemment que l'aveugle la concurrence
des clairvoyants.

Le demi-aveugle, en somme, un peu avantagé
parmi les aveugles, reste très inférieur chez les
clairvoyants, peut-être plus à plaindre et plus malheureux, souvent délaissé des deux côtés, comme
assis entre deux chaises. Il en est surtout ainsi dans
la demi-cécité adulte, tardive ou imprévue. C'est la
misère visuelle.

Ce qui est vrai pour l'école l'est plus encore pour
l'atelier. Le demi-aveugle doit apprendre son métier
d'abord sans le secours des yeux. Il en est de même
d'ailleurs pour le braille et la dactylographie, chez
le clairvoyant ; le métier appris avec les seuls doigts
bénéficiera ensuite de la moindre vision comme
rapidité, perfection, rendement. Ainsi dans la brosserie et la vannerie fines, le cannage et le rempail-

lage en couleur, le massage, l'accord des pianos, etc. Ainsi pour la femme dans son ménage et pour le cultivateur aux champs. Les demi-aveugles de guerre, comme leurs congénères civils, pourront enfin reprendre ou continuer avantageusement leurs professions antérieures, à la ville comme à la campagne. Leur éducation ou leur rééducation tactile comblera aisément leur insuffisance visuelle.

Au point de vue social, les demi-aveugles méritent d'être mieux connus et plus appréciés. On les ignore parmi les aveugles et on les délaisse parmi les clairvoyants. Ce sont trop souvent de pauvres femmes de ménage ou d'infimes manœuvres qu'on exploite à bas prix. Il faudrait les mieux utiliser et surtout les aider. Avec une certaine éducation manuelle, quelque application professionnelle, un peu d'assistance charitable, beaucoup de ces malheureux gagneraient leur vie. Les demi-aveugles de guerre, par leur exemple, les feront, dans l'avenir, mieux connaître et plus généreusement employer.

L'armée jusqu'ici méconnaissait également le demi-aveugle de guerre. Elle n'admettait à la première catégorie de la réforme (100 % de pension) que la cécité absolue. Avec la moindre perception lumineuse binoculaire ou monoculaire, on restait clairvoyant ou simplement borgne. C'était inacceptable. Nous avons protesté, le Conseil d'État a été saisi et finalement la Direction du service de santé vient d'admettre (circulaire 356 Ci/7 du 10 décembre 1916) la cécité relative avec gratification ou réforme 1re catégorie (100 % d'indemnité) pour les demi-aveugles à vision définitive inférieure à 0,05 ou un demi-dixième de la normale.

Les demi-aveugles de guerre auront donc désormais, comme les demi-aveugles civils, leur place légitime dans le monde des aveugles. On pourra les recevoir à l'école ou à l'atelier de rééducation, leur refaire place à l'établi, leur réserver quelques emplois de dactylographe, de téléphoniste, etc.

Dans certains milieux professionnels, aveugles et clairvoyants pourront collaborer. C'est de la meilleure assistance sociale et de la bonne épargne économique. Suivant leur âge, leur intelligence, leur instruction, leurs capacités techniques, les demi-aveugles de guerre feront ainsi la liaison entre les aveugles et les clairvoyants, comme jadis, avant leur désastre visuel, entre les tranchées et le commandement.

LES AVEUGLES MUTILÉS

La cécité, par elle-même, constitue la suprême mutilation ou infirmité ; mais elle peut être encore aggravée ou compliquée de mutilations ou infirmités supplémentaires ; et c'est alors, pourrait-on dire, la cécité à la seconde impuissance.

Les aveugles infirmes présentent parfois des lésions crâniennes, thoraciques ou abdominales avec ou sans corps étrangers ; ils ont la voix et l'odorat altérés ; ils sont paralysés, sourds ou muets. Ils constituent ainsi des mutilés fonctionnels, et sont parfois curables. Ces troubles résultent d'ébranlements nerveux, de psychonévroses, de syndromes émotionnels ou commotionnels. Nous les croyons relativement rares et ils ne nous arrêteront pas.

Les aveugles mutilés se trouvent défigurés par de graves lésions faciales, nasales, maxillaires ou bien restent impotents par la perte d'un ou plusieurs membres. Ils paraissent assez nombreux. Nous les étudierons exclusivement.

***

Les mutilations faciales des aveugles, cicatricielles et déformantes, paraissent surtout inesthétiques mais elles peuvent aussi devenir fonctionnelles ou sensorielles. Un de nos blessés avait eu les deux orbites et la racine du nez traversées par une balle ; il en était résulté, avec la cécité, de l'anosmie ou perte subcomplète de l'odorat. Un autre avait eu le nez défoncé· et la mâchoire supérieure fracassée par un gros éclat d'obus. Un dernier enfin, les lèvres et les gencives déchiquetées par la mitraille, ne pouvait presque plus articuler, boire ni manger. Et je ne parle pas de beaucoup d'autres dont les voies lacrymales altérées ou les paupières déformées ont nécessité de nombreuses opérations thérapeutiques ou prothétiques.

★★

Les aveugles amputés ont perdu un ou plusieurs doigts de la main surtout de la main droite, la main gauche étant moins exposée et les pieds se trouvant généralement protégés. Cinq de nos mutilés de l'école de Montpellier ont perdu un ou plusieurs doigts dont cinq le pouce, quatre de la main droite, un de la main gauche ; trois autres ont subi l'ablation de la main droite et un de la main gauche, un l'amputation des deux mains et d'un avant-bras, un dernier, privé de quatre doigts à la main droite, a été également amputé de la jambe droite.

C'est une proportion, sur 48 élèves, de 10 % de petites mutilations et de 9 % de grandes amputations.

Bien que les statistiques officielles soient interdites, nous pouvons dire que, sur 1000 aveugles de guerre de l'Association Valentin Haüy, à cécité absolue ou relative, nous trouvons, d'après les indications obligeamment fournies, 111 amputés et 39 estropiés, (ankylosés ou paralysés), soit 15 % d'invalidité complémentaire.

Voici d'ailleurs quelques chiffres correspondants:

DEGRÉS DE CÉCITÉ		GRADES DES AVEUGLES	
Vision $= 0$:	152	Officiers (1)	19
Vision $= \varrho$:	769	Adjudants	20
Vision $= \dfrac{1}{20}$	79	Sous-officiers	60
		Caporaux	69
30 ESTROPIÉS		Soldats	832

ANKYLOSES OU PARALYSÉS		111 MUTILÉS	
		AMPUTATIONS	
doigts	0		
main	12	doigts	32
deux-mains	1	main	50
bras	12	main et jambe	2
jambe	3	deux avant-bras	8
deux jambes	1	bras et doigts	6
pieds	1	jambe	12

***

Les aveugles mutilés sont plus ou moins impotents, selon le siège ou la nature de leurs amputations et selon le degré de leur cécité.

La perte des doigts est relativement minime, sauf celle du pouce, principal élément de préhension et d'opposition. Celle de la main, la droite surtout, devient d'autant plus fâcheuse que l'amputation du membre correspondant a eu lieu à l'avant-bras, au bras et même à l'épaule. Du côté prothétique, les moindres moignons sont généralement uti-

---

(1) Commandants 2, Capitaines 4, Lieutenants 4, Sous-Lieutenants 6, Médecin-major 1, Médecins-Aides-majors 2.

lisables. Nos manchots font du braille et de la dactylographie et notre bimanchot, avec son avant-bras et un guide-coude, écrit assez lisiblement.

Le degré de cécité mono ou binoculaire, avec vision de 0 à 0,05 de la normale, présente aussi une extrême importance fonctionnelle. La cécité absolue (V = 0 ; 769 sur 1000 et 35 cas sur 48) annihile toute direction visuelle. La cécité relative (V = 0 ; 152 sur 1000 et 11 cas sur 48) est compatible avec quelque orientation lumineuse. La vision jusqu'à 0,05 de la normale (V = 0,05 ; 79 sur 1000 et 3 cas sur 48) permet de se conduire dans les endroits familiers, de voir les objets rapprochés, parfois même de lire les gros caractères d'imprimerie.

Selon son degré de cécité et d'infirmité des membres, l'aveugle mutilé devient plus ou moins impotent, comporte une rééducation générale et professionnelle plus ou moins grande et nécessite une assistance matérielle plus ou moins complète.

La rééducation des aveugles mutilés est en rapport avec leur degré de mutilation et de vision.

Au point de vue général, les aveugles amputés de main, de bras ou jambe, ont besoin d'aide supplémentaire pour s'habiller, faire leur toilette, manger ou se conduire ; en promenade, en voyage, en public, ils nécessitent quelques attentions spéciales: notre bimanchot, hors de l'école, comporte un guide permanent.

Au point de vue professionnel, la privation du membre supérieur est plus nuisible que celle du membre inférieur. Pour les manchots, la brosserie n'est possible qu'avec un appareil prothétique ad hoc : la chaiserie, la vannerie, la cordonnerie semblent peu pratiques. Le braille et la dactylographie exigent simplement une certaine adresse. Tous nos élèves, à cet égard, ont pleinement réussi.

*
* *

L'assistance pécuniaire des aveugles mutilés reste insuffisante et, relativement à celle des aveugles simples, devrait être majorée. Il n'en est rien cependant.

La pension militaire de l'aveugle correspond à la 1re catégorie de réforme, avec 100 %, d'invalidité. et constitue un maximum administratif.

En principe comme en fait, c'est inadmissible. Les aveugles simples restent des hommes presque complets à tous égards ; parfois même, ils font face à tous leurs besoins matériels. professionnels et sociaux ; certains occupent de bonnes situations, entretiennent largement leur famille et vivent, avec la moindre assistance. quasi normalement. En sera-t-il de même pour les aveugles amputés de bras et de jambes ? Le boiteux n'osera se risquer seul dans la rue. en public, en voyage et le manchot se trouvera fort limité dans son travail professionnel. Que sera-ce donc, à fortiori, pour un amputé de plusieurs membres et surtout des deux mains ?

La pension militaire du soldat aveugle français. au taux de 100 %, d'invalidité, est de 975 francs. (1) Elle représente d'ailleurs un minimum d'entretien. l'équivalent strict de l'alimentation, du vêtement et du logement. mais sans le guide conducteur : la famille ou la charité doit y pourvoir. Ce guide, utile pour l'aveugle simple, devient nécessaire ou indispensab à l'aveugle mutilé. Il est justement question, dans ce sens et pour tous les aveugles. d'une augmentation de retraite, de 975 fr. à 1.200 fr. constituant ainsi une invalidité de 125 %.

---

(1) Cette pension varie, selon les pays et l'état de famille de l'aveugle (4 enfants) : Allemagne 675 à 1710 fr. ; Angleterre 1625 à 2275 fr. ; Italie 1260 fr. ; Suisse 776 à 2044 fr..

Dans tous les cas, les aveugles mutilés auraient besoin, par rapport aux aveugles ordinaires, d'un supplément de ressources proportionnel à l'importance de leurs mutilations. Ce serait une simple application à l'armée de la loi de 1898 sur les accidents du travail et les infirmités multiples.

On en reconnaît la nécessité mais on discute sur le quantum et le modus faciendi. Dans son récent et très remarquable rapport à la Chambre sur les pensions des armées de terre et de mer, M. Pierre Masse, député de l'Hérault, proclame éloquemment le principe d'une indemnité complémentaire pour l'aveugle mutilé et M. Ribot, ministre des Finances, l'accepte au nom du Gouvernement. Il y a toutefois de nombreuses restrictions ministérielles. Une allocation complémentaire ne serait accordée que jusqu'à concurrence de 300 fr. et pour une mutilation qui, par elle-même, comporterait au moins 30 % d'invalidité. On exclut les officiers, on exige comme un certificat d'indigence, on néglige les mutilations multiples. Pourquoi tant de marchandage à l'encontre de ces glorieux blessés ?

Sur nos deux mille aveugles actuels, il n'y a probablement pas plus de trois cents mutilés ou estropiés et seulement cinquante officiers. La dépense complémentaire totale ne serait jamais très importante. L'État pourrait donc se montrer aisément plus équitable et plus généreux pour les aveugles mutilés.

⁂

Personnellement nous estimons qu'on doit donner à l'aveugle de guerre, en sus de la pension commune, 25 % par membre amputé ou paralysé et proportionnellement pour les segments de membre correspondants. Au taux de la loi de 1831, c'eût été plutôt large : à celui de la loi prochaine, vu le renchérissement de la vie, c'est à peine suffisant.

La loi Masse, d'ailleurs, n'est pas encore votée car étant une refonte totale de la loi de 1831 avec majoration générale, droits nouveaux des ascendants, des veuves et des enfants, elle suscitera vraisemblablement une longue discussion à la Chambre des Députés et au Sénat.

On ne saurait en détacher aucune catégorie d'ayants-droit ; on peut même craindre qu'elle ne puisse aboutir.

En attendant, n'y aurait-il pas, pour donner satisfaction immédiate aux aveugles mutilés, quelques expédients pratiques ?

J'en vois deux et je les propose simultanément :

1° Constituer une caisse de secours analogue à celle de Millerand pour les réformés n° 2, avec une large subvention de l'Etat et les souscriptions patriotiques du public charitable. Et quel est le Français généreux qui refuserait son obole à l'aveugle de guerre amputé du bras ou de la jambe ?

2° Attribuer aux aveugles mutilés quelques-uns de ces bureaux de tabacs que l'on réserve aux besogneux de la politique ou de l'administration. Les postes les plus modestes seraient peut-être suffisants et toujours les bienvenus.

Les aveugles se trouveraient satisfaits et l'Etat ferait tout son devoir. Il n'y a pas de dette patriotique ni plus urgente ni plus sacrée.

PROFESSIONS ET MÉTIERS

D'AVEUGLES

Comme le clairvoyant, l'aveugle valide doit journellement travailler.

Jadis infirme sacré, musicien ambulant avec chien conducteur et maigre sébile, c'était le mendiant par excellence.

Saint-Louis au XIIIe siècle établit les aveugles en corporation aux Quinze-Vingts.

Valentin Haüy, puis Braille, au XIXe siècle, par l'instruction générale et professionnelle, les rendirent définitivement à la vie sociale.

De nos jours, l'aveugle éduqué est pleinement capable d'action personnelle et laborieuse.

Pour lui, en effet, comme pour chacun, le travail n'est pas seulement un agent de production mais encore un élément de moralisation et de libération. L'aveugle originel est ordinairement, après l'école, dirigé vers une profession ou un métier conforme à ses capacités et à ses goûts. L'aveugle de guerre, brutalement frappé en pleine jeunesse ou maturité, n'a-t-il pas aussi besoin, pour se distraire et accroître ses ressources, pour oublier sa misère physique et refaire sa vie, n'a-t-il pas impérieusement besoin d'une carrière professionnelle ?

Certains aveugles accidentels peuvent continuer leur premier métier, mais la plupart doivent s'orienter vers une profession nouvelle. Pour les aveugles de guerre, c'est une question plus délicate encore, où il faut tenir compte à la fois des ressources familiales et personnelles, des habitudes et des aspirations individuelles, des conditions d'âge, de physionomie, d'instruction, d'éducation, etc...

En principe, il faudrait revenir au métier habituel, à l'atelier ou au village, parmi les siens ; mais ce n'est pas toujours possible. Et c'est pour cela qu'ont été créées, en France, puis à l'étranger, dans les grands centres régionaux, de nombreuses écoles spéciales permettant aux aveugles travailleurs une complète rééducation professionnelle.

L'assistance générale prépare et assure cette rééducation. Nombreux sont les aveugles habiles ou instruits mais ils ont toujours besoin peu ou prou de l'aide des clairvoyants. Conscients de leur valeur, ils s'émancipent volontiers, se conduisent, travaillent, subviennent à leurs besoins. On leur suppose à tort de mystérieuses compensations sensorielles et on leur fait justement pleine confiance. Ils ont néanmoins, leurs faiblesses et leurs insuffisances, et, dans un monde visuel, ils restent souvent des mineurs, toujours des entravés. Et c'est pour cela que diverses carrières libérales et de nombreux métiers ne sauraient leur convenir. Cette question, en tout cas, mérite d'être étudiée, pour les aveugles de guerre et surtout pour le public typhlophile.

Les carrières libérales, c'est-à-dire le droit, la médecine, l'enseignement, les situations administratives, etc.... exigent, chez l'aveugle originel, une intelligence élevée, une volonté soutenue, des ressources matérielles ou des circonstances spéciales. On cite, dans ces conditions, quelques sujets d'élite ; encore le plein succès est-il exceptionnel. Parmi les aveugles de guerre, les carrières libérales restent possibles, avec aide et limitation, à ceux-là seuls qui en possédaient, avant la cécité, les titres et la pratique. Je n'en connais guère d'exemple. Bien entendu, les moyens intellectuels ordinaires, comme la lecture et l'écriture Braille, la dactylographie, etc., sont à la portée de tous, de même que le chant et la musique instrumentale (piano, orgue, violon et violoncelle, mandoline, flûte, piston, clarinette, etc). à la portée d'un certain nombre.

⁂

Les métiers d'aveugles sont relativement nombreux, mais il faut distinguer.

D'une part, les ouvriers sont plus ou moins aveugles, car il est des degrés dans la cécité, depuis la vision nulle, sans la moindre perception lumineuse, jusqu'à la vision un dixième ou un vingtième de la normale, permettant de se conduire, de voir les gros objets et même de reconnaître les gros caractères d'imprimerie.

D'autre part, leur intelligence et leur adresse professionnelle sont nécessairement inégales. Les ouvriers aveugles seront ainsi comme les clairvoyants, tantôt médiocres, tantôt adroits et habiles. En général, ils sont très suffisants dans leurs spécialités. Et s'il en est ainsi parmi les aveugles civils, avec certaines tares occasionnelles, a plus forte raison en sera-t-il de même chez les aveugles militaires d'intégralité intellectuelle et déjà professionnellement éduqués.

Il faut donc tout d'abord, chez les ouvriers aveugles, tenir grand compte des convenances, des aptitudes et des capacités individuelles.

***

Les métiers d'aveugles sont également divers, de pratique différente, de complexité variable, de difficulté technique inégale. A ce point de vue, on peut les classer en trois catégories : ordinaires, personnels, occasionnels.

Les métiers ordinaires, sont ceux qui se trouvent à la portée de tous, avec apprentissage rapide et frais d'installation minimes ; ils peuvent être exercés au village comme à la ville, en chambre ou en famille comme à l'atelier ; ils rapportent, avec huit ou dix heures de travail, 2 à 3 fr. par jour. Dans cette catégorie, nous comprenons en bloc : brosserie, chaiserie, balais, vannerie, sparterie, sacs, corderie, tricot, filet, macramé, raphïa.

La téléphonie, l'accord des pianos, la sténographie, le massage, représentent des métiers pour une élite déjà préparée, instruite ou entraînée ; mais non pour le commun des aveugles civils, encore moins pour l'ensemble des aveugles de guerre.

Les métiers personnels sont ceux qu'exerçaient les aveugles antérieurement à la cécité ou qui se trouvent à leur portée du fait de circonstances, d'éducation technique, de famille, de milieux, etc.... On les pratique en totalité ou en partie, comme spécialités individuelles. En voici la liste très approximative : agriculture, cordonnerie, tonnellerie, coutellerie, menuiserie, tournage, bouchonnerie, horlogerie, polissage des métaux, matelasserie, reliure, imprimerie, linotypie, électricité, etc...

Les métiers occasionnels restent individuels ou régionaux : chaussons, bourses, sangles, lacets, fouets, perles et couronnes, roues de bicyclettes et d'automobiles, allumettes, cigares, cigarettes, etc....

En cherchant bien, on trouverait encore d'autres métiers praticables en partie ou en totalité par les aveugles.

On a cité des aveugles mécaniciens, électriciens, facteurs de pianos et même coiffeurs. Pour l'ensemble de la profession, c'est vraiment exagérer.

⁂

On le voit, professions et métiers, sont assez nombreux et variés pour remplir la vie laborieuse de l'aveugle selon ses besoins, ses capacités et ses goûts individuels.

Avec un peu de réflexion et de direction, nos aveugles de guerre, comme les autres aveugles, n'auront à tous égards que l'embarras du choix, mais ils ne sauraient en général, on ne doit pas l'oublier, faire plus et mieux, dans l'ombre de leur cécité, que les clairvoyants en pleine lumière.

Il importe donc, pour les aveugles et les métiers d'aveugles, de les sérier, comme nous venons de le faire, et de les adapter aux conditions particulières ; sinon c'est l'erreur ou le bluff, avec leurs prétentieuses conséquences individuelles et une fâcheuse documentation du grand public typhlophile.

Pour finir, deux considérations générales :

1° Certaines professions et divers métiers restent praticables parmi les clairvoyants ou les demivoyants, qui ne le sont plus exclusivement entre aveugles ; il en est ainsi de la dactylographie professionnelle, de la téléphonie, de la cordonnerie, de la menuiserie, etc.....

2° Certaines professions et divers métiers impraticables dans leur ensemble, restent possibles en certaines parties spéciales : médecine, professorat,

musique, ainsi que la plupart des métiers personnels occasionnels.

J'ajouterai même que les administrations d'État
(Postes et Télégraphes, Ministères, Préfectures),
certains journaux mêmes, etc.), pourraient ainsi
spécialiser de nombreux aveugles, ouvriers ou intellectuels. Aveugles et clairvoyants feraient certai-
nement bon ménage et s'entr'aideraient volontiers,
dans l'intérêt commun. Les aveugles de guerre
seraient à tous égards, particulièrement sympathiques.

FAMILLES ET MÉNAGES
D'AVEUGLES

L'aveugle de jadis était un miséreux, confiné dans son infirmité, objet de pitié et de charité publiques ; puis on l'instruisit, on l'éduqua, on en refit un être humain ; de nos jours enfin, homme ou femme, il est capable de société, de travail et de famille.

L'aveugle actuel, en effet, dans des conditions ordinaires d'âge, d'intelligence et de santé générale, vit en société presque normalement. Avec ou sans guide, il va, vient, se conduit dans les endroits familiers, subvient à ses besoins individuels ; il cultive ses relations de parenté ou d'amitié, remplit ses devoirs professionnels et sociaux. Avec la moindre assistance, il agit comme un clairvoyant.

Les capacités de travail de l'aveugle ne sont pas moins développées que ses aptitudes physiques.

Suivant son état matériel ou social, ou selon son instruction et son éducation particulières, il est ouvrier, artisan, musicien, professeur, et gagne honorablement sa vie.

Ses conditions physiologiques, affectives et matérielles le rendent également apte au mariage et à la famille. Il en a toujours été d'ailleurs ainsi chez l'aveugle originel. Le mariage paraît en général plus tardif et moins fréquent que chez le clairvoyant et on le conçoit aisément. Les relations et l'action familiale, les aspirations individuelles y contribuent également ; mais tandis que pour les clairvoyants, la vue dans le choix matrimonial reste prépondérante, c'est l'ouïe, chez les aveugles, qui devient déterminante. La sympa'hie amoureuse est visuelle chez les premiers et auditive chez les seconds. Il existe en réalité une physionomie auditive autant que visuelle indiquant l'âge, le sexe, le caractère les sentiments. La parole, avec ses nuances individuelles infinies, reste dans l'oreille de l'aveugle comme la physionomie dans nos yeux ; la phonographie correspond, en l'espèce, à la photographie.

L'attraction conjugale est complexe, instinctive et sentimentale ; et l'aveugle, à cet égard, ne diffère point du clairvoyant. Peut-être, chez l'aveugle, l'imagination est-elle plus fantaisiste. « Quand on ne cultivera plus nulle part, dit poétiquement Descaves la petite fleur bleue, c'est sur les rives de la cécité qu'il en faudra chercher le parfum ». D'ailleurs l'amour même n'est-il pas aveugle ? En tout cas la représentation de l'objet aimé reste très subjective : témoin, cet aveugle qui devait se marier et qui, retrouvant la vision, ne voulut plus de sa fiancée qu'il avait sans doute imaginée plus belle.

*
* *

Les femmes aveugles se marient moins que les hommes et cela s'explique par leur condition passive, leur insuffisance esthétique et leur vie sédentaire ou recluse.

Les aveugles se marient rarement entre eux ; c'est heureux pour l'hérédité familiale et aussi pour l'entretien des enfants. Par contre de nombreux ménages d'aveugles et clairvoyants existent et prospèrent.

Le mariage, chez le travailleur aveugle, malgré toutes complications ou difficultés matérielles, est un bienfait, car il devient le complément social désirable, la femme apportant au mari les yeux qui lui manquent.

Autant l'union entre aveugles paraît donc néfaste, autant elle est désirable avec une clairvoyante généreuse, sympathique et dévouée. Il constitue même l'élément suprême de l'équilibre moral et social de l'aveugle, avec ses risques habituels mais aussi avec ses naturelles aspirations et ses légitimes satisfactions.

Les aveugles civils ne songent à se marier qu'avec des ressources familiales ou personnelles suffisantes, surtout avec une situation professionnelle ou un métier rémunérateur. Professeurs, organistes, accordeurs de pianos, dactylographes, brossiers, chaisiers, vanniers, etc. sont alors, avec femmes et enfants, dans les meilleures conditions apparentes ; et ces enfants sont souvent nombreux, bien portants, parfaitement bien tenus ; et ces femmes sont bonnes ménagères, gracieuses, instruites, dévouées, très attachées à leurs devoirs. Nous possédons à Montpellier plusieurs familles d'aveugles qui méritent la plus grande estime, la plus cordiale sympathie et constituent de nobles exemples de dignité, de tenue et de travail ; et j'en connais bien d'autres, véritablement recommandables.

Presque la moitié des aveugles de guerre, de 25 à 45 ans, sont mariés, avec ou sans enfants. Les aveugles mariés méritent une particulière sollicitude. Leurs ménages ont été cruellement éprouvés par la guerre, puis par la blessure et la cécité. Après de telles épreuves, les ménages sont désemparés ; ils doivent être raffermis ou reconstitués. L'Hôpital et l'Ecole de rééducation aggravent encore les difficultés et prolongent la séparation. Il faut y remédier par la réintégration familiale.

Nous avons à Montpellier réalisé cette nouvelle union aussi souvent que possible, avec les meilleurs résultats. Neuf de ces aveugles sont ici avec leurs femmes et leurs enfants, logés en ville, soutenus matériellement et moralement. Ils donnent, à tous égards, la meilleure impression. Plusieurs ont ainsi retrouvé leur ardeur laborieuse et leur gaieté disparue. La reconstitution des ménages des soldats aveugles est une œuvre de rénovation conjugale, de réparation morale, de justice sociale et patriotique qui mérite, de la part des typhlophiles, une spéciale sollicitude et le meilleur appui.

Les aveugles de guerre célibataires aspirent généralement au mariage ; il faut les encourager et les soutenir dans leurs légitimes ambitions ; c'est pour eux un complément naturel de leur cécité, l'équilibre définitif, le retour à la vie normale ; c'est enfin un devoir social.

Il suffit dans ce sens, que leur physique ne soit pas répugnant, que leur retraite et leur profession soient assurées et que les conditions générales paraissent favorables.

Le mariage devient même pour eux un puissant mobile de rééducation professionnelle, d'effort laborieux, aussi de moralité et d'économie. Ils doivent trouver dans leur milieu familier, dans l'ambiance scolaire ou ailleurs une jeune fille affectueuse et sympathique qui répondra à leur appel. Mieux encore, le dévouement altruiste des femmes est tel que certaines d'entre elles, j'en ai reçu confidence, envisagent le mariage avec l'aveugle comme un apostolat. On peut donc, à l'occasion, et avec conviction parler du mariage au jeune soldat aveugle ; on ne craint pas de le désillusionner.

« Et tu te marieras, dit Brieux à l'aveugle, dans ses belles et touchantes « lettres aux soldats blessés aux yeux ». Le mieux pour toi, ajoute finement l'illustre académicien typhlophile, serait de retrouver la jeune fille que tu connaissais avant la guerre et que tu devais épouser. A son défaut, cherche autour de toi, et surtout garde-toi bien de te laisser épouser par pitié pour ton état ou par intérêt pour ta pension... N'épouse que celle qui t'aimera pour toi et que tu aimeras parce qu'elle a le même cœur que toi, les mêmes amitiés, les mêmes idées sur la vie. Plus qu'un autre tu auras besoin d'être aimé, et tu le seras plus qu'un autre si tu as épousé une fille honnête, pas exaltée, mais raisonnable ; pas avide d'argent mais économe, courageuse, bien portante et de bonne humeur ».

*
* *

La vie familiale des aveugles est normale, comme chez les clairvoyants, selon les origines, les capacités, les ressources individuelles des intéressés. Le bourgeois aveugle s'occupe de sa fortune, de ses relations, de ses distractions ; en général, il a le souci de ses affaires. Sa femme d'ordinaire lui sert de tuteur et de conseil.

L'intellectuel, le professeur, l'artiste vaque à ses occupations avec un guide et s'applique à ses études avec l'aide de sa femme et parfois de ses enfants.

L'ouvrier travaille chez lui ou à l'atelier et reste volontiers en famille, en dehors de ses occupations.

Les aveugles se fréquentent volontiers entre eux ; ils se sentent ainsi plus à l'aise mais il vont encore avec les clairvoyants sympathiques. Ils aiment la causerie, la promenade, les jeux de société, la lecture, la musique. Les bonnes fréquentations constituent un réconfort utile et une distraction salutaire.

Il importe d'ailleurs de ne jamais délaisser les ménages d'aveugles ; l'assistance et le patronage sont peut-être plus nécessaires aux familles qu'aux individus, aux mariés qu'aux célibataires, car si les ressources deviennent plus considérables, plus grands aussi sont leurs besoins matériels et moraux.

Les œuvres où les typhlophiles doivent donc rester en contact avec l'aveugle, sa femme et ses enfants ; c'est surtout l'affaire des dames charitables.

Le patronage soutiendra le travail, facilitera les achats et les ventes. Il devra subvenir aux besoins exceptionnels de la maladie ou du chomâge, parer aux difficultés imprévues du loyer, des déplacements, des vacances, soutenir les défaillances individuelles.

Le moral doit être surveillé comme le physique chez tous les membres de la famille de l'aveugle. Il faut éviter les suggestions nocives, la mendicité familiale comme la mendicité individuelle.

Les œuvres d'assistance ont encore un rôle spécial à remplir. Chez les soldats aveugles, on devra accroître les ressources par des suppléments de vêtements, de revenus, de loyers, de villégiature selon les besoins de l'intéressé, de sa femme et de ses enfants.

C'est un devoir pour la société de ne jamais abandonner les aveugles et, quand leur effort laborieux reste insuffisant, de le compléter pour assurer une existence digne dans la maison honorée.

Ce qui est vrai pour l'aveugle civil l'est plus encore pour l'aveugle de guerre, à qui le travail donne la dignité de la vie, le mariage les satisfactions nécessaires, et la famille la conscience d'une vie utile et noblement remplie.

N'oublions jamais les familles et ménages d'aveugles, surtout des soldats aveugles.

Assistance générale

et

RÉÉDUCATION PROFESSIONNELLE

Nous avons indiqué hier les conditions spéciales des soldats aveugles ; il nous faut envisager aujourd'hui leur assistance générale et leur rééducation professionnelle.

L'assistance des soldats aveugles, morale et matérielle, relève de l'entourage hospitalier ou familial, des pouvoirs publics et de la bienfaisance privée.

L'assistance morale sera précoce, presque immédiate, dès la menace ou la certitude de la cécité, retour du front, à l'hôpital : c'est « le premier secours moral » dont M. Brieux, l'éminent académicien patriote et typhlophile (ami des aveugles) s'est constitué l'infatigable apôtre. Il est toutefois besoin chez l'éducateur, de profonde affection, de réelle patience et aussi de quelque expérience ; mais ou remontera bien vite le moral le plus déprimé.

D'abord, jamais de plainte puérile et larmoyante ; il faut inspirer courage et confiance ; c'est toujours suggestif et d'un puissant réconfort. La moindre vision, la plus faible lueur entretient l'espoir du blessé. « Qui sait, dans l'avenir, si on ne verra pas » davantage ? Les yeux ne sont pas aussi indispen-

» sables qu'on le croit. Il faut, en tout cas, malgré
» la prochaine pension de retraite, une profession
» nouvelle et lucrative, pour soi, puis bientôt pour
» la femme et les enfants. Combien de grands
» blessés aux yeux, ouvriers, employés ou artistes,
» occupent déjà des situations avantageuses, etc.!.. »
L'esprit et le cœur compatissants trouveront ainsi,
selon les circonstances, force encouragements.

Et l'action doit suivre la parole. D'emblée, avec
le soldat, on fabrique une brosse en chiendent, on
écrit et on lit quelques mots de Braille (en points),
on fait un peu de musique et de chant familiers ; on
joue aux cartes (pointées), aux dominos (ordinaires);
on va et on vient, causant amicalement d'autrefois,
des camarades, des poilus et des tranchées, de com-
bats et de blessures, de la victoire prochaine et de
la patrie reconnaissante. Bientôt le nouvel aveugle,
confiant et rassuré, se promène sans guide, va dans
le voisinage, mange sans lumière, reprend goût à
la vie : et qui sait, à la longue, s'il n'arrivera pas,
ainsi qu'au *Pays des Aveugles* de Wells, à consi-
dérer comme des infirmes les vulgaires clairvoyants?
Voilà, dit Brieux, ce qui a été essayé et qui a
réussi. C'est au moins encourageant.

L'assistance matérielle des aveugles de guerre par
l'Etat est fort apréciable. Déjà mille francs par
an et bientôt douze cents pour les simples soldats,
près de deux mille pour les adjudants et en proportion pour les officiers ; la médaille militaire ou
la croix de la Légion d'honneur ; enfin, pour quelques-uns, certains emplois de téléphonistes ou de
dactylographes, et pour tous un nouveau métier
approprié. Mais sera-ce jamais trop pour les grands
mutilés de la vue ?

L'assistance privée doit faire encore davantage pour les soldats aveugles, leurs femmes et leurs enfants. Après le nécessaire, il faut leur donner quelque superflu : friandises, goûters, lectures gaies, chant, musique, concerts, théâtres. C'est toutefois dans une bonne organisation du travail professionnel qu'on assurera au plus grand nombre les meilleures garanties et les plus réelles satisfactions.

L'assistance professionnelle par la rééducation est le meilleur complément de l'assistance morale et matérielle. L'aveugle militaire, plus encore que le civil, a besoin de travailler pour se distraire, remplir sa journée, accroître ses ressources. L'ancien métier ne pouvant plus convenir, il en faut un nouveau. Mais lequel ? Question délicate où l'on tiendra compte des conditions économiques régionales, de l'instruction et de l'éducation personnelles, de l'âge et des goûts individuels. En principe, il est bon, pour l'aveugle, de revivre dans son milieu originel. Les habitudes, les relations, les sympathies antérieures sont précieuses et facilitent le retour à la vie normale. Le travail à l'usine ou à l'atelier ne convient guère qu'aux célibataires, dans les grandes villes. Pour l'homme marié, au village, le simple métier en famille et en chambre, reste généralement préférable.

Les *métiers d'aveugles* sont assez nombreux : brosserie, chaiserie, balais de sorgho, vannerie, sparterie, massage, accord de pianos. etc.... ; mais ils ne sont pas équivalents.

La brosserie ordinaire, le cannage et le rempaillage des chaises, la confection des balais constituent des métiers élémentaires, de pratique courante et assez rémunérateurs. Un an d'apprentissage y suffit d'ordinaire.

La vannerie, la sparterie sont déjà moins rudimentaires, exigent généralement « un point de vue », ou le concours occasionnel du clairvoyant. Deux ans d'apprentissage semblent nécessaires.

Le massage et l'accord des pianos restent compatibles avec la cécité absolue, mais se trouvent généralement facilités par un peu de vision. Encore est-il presque indispensable de posséder une physionomie avenante, de la tenue et quelque éducation. Certaines aptitudes physiques et intellectuelles avec plusieurs années d'études paraissent même de rigueur. Ces professions seront donc réservées à un petit nombre de jeunes aveugles.

Quant à la dactylographie et à la téléphonie, elles nécessitent également de la souplesse, de l'intelligence et de l'instruction ; c'est encore pour une élite.

Bien entendu, comme complément de ces divers métiers, même les plus élémentaires et sauf faiblesse intellectuelle, la lecture ou l'écriture Braille, la dactylographie ordinaire donneront aux ouvriers aveugles de grandes facilités personnelles, sociales et professionnelles.

Le *patronage* reste le couronnement de l'assistance des soldats aveugles ; il en est d'ailleurs ainsi pour les aveugles civils et en toutes conditions ; et c'est pour cela que l'existence familiale, dans le pays natal, vaut mieux, pour eux, que la vie au loin, déracinée.

Le patronage soutiendra le travail, facilitera l'achat des matières premières, la livraison des fournitures, la vente courante. Il devra subvenir aux besoins exceptionnels, parer aux difficultés imprévues, soutenir les défaillances occasionnelles, songer aux assurances et à la mutualité.

Les besoins intellectuels eux-mêmes ne seront pas négligés. La correspondance avec d'autres aveu-

gles ou certains typhlophiles, les bibliothèques cir-
culantes de Braille, les congrès spéciaux, etc., con-
tribueront à l'illusion de la vie normale.

Le mariage enfin, indésirable et néfaste entre
aveugles, sera facilité avec une clairvoyante généreuse, sympathique et dévouée ; ce n'est pas exceptionnel. Et cette union assortie assurera définitivement l'équilibre social et moral du soldat aveugle,
avec ses risques habituels, certes, mais aussi avec
ses profondes et légitimes satisfactions.

Et le vaillant aveugle, dans la gloire de sa blessure, entouré de l'estime et du respect de ses con-
citoyens, de l'affection de ses parents et de ses amis,
conscient de ses capacités reconquises, gardera l'in-
time conviction d'une vie utile et noblement remplie.
Le clairvoyant peut-il ambitionner davantage ? Nous
tâchons, dans la région de Montpellier, de prépa-
rer ainsi le bonheur de nos soldats aveugles. A
chacun d'y contribuer généreusement.

L'Assistance Régionale

des

AVEUGLES DE GUERRE

Déjà *deux mille soldats aveugles* et chaque jour davantage ! On peut dire que la guerre actuelle fait en France, dans l'armée seule, autant d'aveugles que les maladies et les accidents réunis dans l'ensemble de la population : un pour mille. C'est un malheur public.

Une telle calamité était absolument imprévue.

L'Etat, les départements, les communes, les œuvres diverses avaient autrefois assuré largement l'assistance des aveugles civils, mais n'envisageaient guère celle des aveugles militaires.

A Montpellier, nous possédions, avec le groupe régional de l'Association Valentin Haüy, une grande école de jeunes aveugles, un atelier spécial pour hommes, un atelier pour femmes, l'hospice et le patronage pour tous ; mais rien pour les soldats aveugles. Il fallait combler cette fâcheuse lacune.

Partout, dans les grands centres, on s'est mis à l'œuvre pour l'assistance régionale des aveugles de guerre, leur rééducation professionnelle et la constitution d'écoles-ateliers. Nous exposerons brièvement ces diverses questions et nous indiquerons, en outre, l'œuvre de Montpellier. Nous connaîtrons mieux ainsi les capacités et les ressources de nos soldats aveugles et nous les soutiendrons davantage dans leur cruelle détresse et leur sombre nuit.

L'assistance régionale des aveugles de guerre paraît préférable à l'assistance centrale. En principe, la centralisation comprime les individualités dans une médiocre uniformité, tandis que la régionalité favorise les aspirations particulières dans une féconde harmonie. Pour les aveugles, le régionalisme est presque une nécessité. Véritables emmurés, hors de leur milieu habituel, tout leur paraît étranger ; près du foyer originel, dans le pays natal, dont ils connaissent les êtres, les senteurs, les bruits, ils revivent par tous les sens intacts et retrouvent leur première personnalité. Et ce qui est vrai pour les aveugles en général, l'est bien plus encore pour les aveugles de guerre. Brutalement enténébrés, souvent mariés et chargés de famille, angoissés de l'avenir, ils semblent anéantis. Déracinés et meurtris par la guerre, va-t-on encore les transplanter au loin ?

L'assistance régionale, toutefois, doit être complète, matérielle, morale et professionnelle. L'État donnera aux aveugles le nécessaire et la bienfaisance privée fournira le superflu. Fera-t-on jamais assez pour ces infortunés ?

La rééducation professionnelle, en tout cas, constitue l'élément essentiel, la clef de voûte de cette assistance, car l'aveugle a besoin de remplir sa journée et d'augmenter par le travail ses ressources personnelles et familiales.

L'ancien métier ne convenant plus, il en faut un nouveau. Lequel ? La brosserie, la chaiserie, les balais, restent à la portée de tous, à la campagne comme à la ville, et deviennent parfois très rémunérateurs. Le massage, l'accord des pianos, la dactylographie et la téléphonie seront réservés à une petite élite.

On peut affirmer qu'avec les brosses, les balais, le cannage et le rempaillage des chaises, l'écriture Braille (en points saillants) et la dactylographie élémentaire, tout aveugle laborieux doit subvenir à ses besoins sociaux et professionnels. Et ce résultat s'obtient en moyenne dans l'espace d'un an. Ajoutons, enfin, que certains cultivateurs, dans leur propre champ ou à la ferme commune, peuvent continuer, avec un peu d'aide, leur travail antérieur. Mais la rééducation professionnelle est généralement indispensable.

**

L'école-atelier constitue l'élément fondamental de la rééducation générale et professionnelle. On incitera l'aveugle à se suffire, à se « tirer d'affaire », à se conduire seul dans les endroits familiers, puis à exercer et à développer pratiquement l'ouïe, l'odorat, le toucher et la mémoire correspondante.

On lui apprendra le Braille et la dactylographie personnelle ; on l'intéressera, si possible, aux livres, au chant à la musique et même, à l'occasion, aux questions d'assurances et de mutualité.

Mais on l'appliquera surtout à l'apprentissage de son nouveau métier, dans ses diverses modalités, dans les moindres détails, de manière à faire de lui, à tous égards, un excellent ouvrier.

C'est dans ce sens qu'on a institué les *écoles-ateliers de la région de Montpellier*. Après de longs pourparlers ministériels, l'établissement a été agréé par la Guerre et l'Intérieur. Nos soldats aveugles régionaux toutefois, avant d'être admis, doivent passer jusqu'ici par la maison de convalescence de Reuilly, annexe des Quinze-Vingts de Paris.

Nous avons ainsi reçu, à Montpellier, trois aveugles de guerre, puis six, puis douze. Nous pourrons en recevoir d'autres, sans oublier que la charge est très lourde, en raison des soins spéciaux de l'apprentissage complexe et de l'instruction individuelle qu'il faut leur donner.

Les aveugles célibataires sont logés, nourris, entretenus en commun ; les aveugles mariés se trouvent en ville, dans des appartements appropriés, avec leur femme et leurs enfants. Tous travaillent ou étudient aux mêmes écoles-ateliers. Des professeurs aveugles civils les dirigent et des clairvoyants les assistent. Des visiteurs et des visiteuses, enfin, leur font la lecture, un peu de musique, leur offrent volontiers, comme à Paris, quelques distractions ou quelques friandises.

Les aveugles de guerre travaillent huit heures par jour : de 8 h. à 12 h., de 2 h. à 4 h. et de 5 h. à 7 h. Petit déjeuner à 7 h. et demie, déjeuner à 12 h., goûter à 4 h., dîner à 7 h. Le mercredi matin, bain ou douche et gymnastique. Le dimanche, repos complet, visites, promenades et Grand-Théâtre le soir, à volonté, dans une loge particulière, gracieusement octroyée par la direction.

L'entretien, vestiaire compris, reste gratuit, avec par surcroît le prêt, la médaille et le prix intégral du travail personnel.

Cette organisation donne déjà d'excellents résultats et aussi, semble-t-il, pleine satisfaction aux intéressés.

L'œuvre des aveugles de guerre a été réalisée à Montpellier par l'Association Valentin Haüy pour les départements régionaux (Ardèche, Aude, Avey-

ron, Gard, Lozère, Pyrénées-Orientales, Tarn) ; mais elle reste complétement autonome. En raison de l'origine différente de la cécité, de l'âge plus ou moins avancé des aveugles, de leurs conditions sociales et familiales, le groupe militaire et le groupe civil se trouvent absolument distincts. Les budgets et les trésoriers mêmes sont indépendants. Et il en sera ainsi jusqu'au jour lointain où, toutes les pensions militaires étant liquidées, il ne restera plus aux écoles-ateliers que de rares aveugles de guerre, qu'on pourra adjoindre aux aveugles civils.

L'œuvre patriotique des aveugles de guerre finira donc comme elle a commencé, dans le giron de l'Association Valentin Haüy, et se confondra avec elle dans le patronage régional. Mais elle aura atteint son but et rempli sa mission à l'égard des soldats aveugles et aveugles de guerre : relever le moral dans l'extrême détresse ; combattre l'oisiveté par la rééducation professionnelle ; assurer, enfin, par de nouvelles capacités et de nouvelles ressources, plus de bien-être, quelques joies encore, peut-être le bonheur. Et cette pensée sera sans doute la suprême satisfaction de tous les typhlophiles ou amis des aveugles qui auront pu y contribuer généreusement de leur bourse, de leur temps et de leur cœur.

L'Association Valentin Haüy

et

LES SOLDATS AVEUGLES

L'Association Valentin Haüy est aujourd'hui l'œuvre principale d'assistance pour les aveugles de France.

Fondée en 1880 par M. Maurice de la Sizeranne, reconnue d'utilité publique en 1891, elle constitue, à Paris, le grand foyer typhlophile national.

L'A. V. H. embrasse dans son ensemble tout ce qui concerne les aveugles, l'éducation, l'assistance, le patronage. Elle s'occupe de chacun d'eux, en dehors de toute préoccupation sociale, politique ou religieuse.

Son organisation matérielle et administrative, son personnel nombreux et dévoué, ses ressources grandissantes font de l'A. V. H. le dispensaire général de la cécité française.

Le public typhlophile connaît son action généreuse et s'adresse à elle pour les dotations les souscriptions comme pour les demandes ou les renseignements. Les aveugles font appel incessant à ses subsides et à ses directions. Les autres œuvres la considèrent comme une œuvre mère. L'Etat lui-même apprécie ses compétences spéciales.

Cette situation exceptionnelle s'est graduellement établie. Au début, simple petit groupement amical autour de M. de la Sizeranne, l'A. V. H. est devenue rapidement un véritable centre typhlophile, puis une œuvre agissante et enfin une puissante et riche organisation pour le bien des aveugles nationaux.

L'action nationale de l'A. V. H. est aujourd'hui très répandue. Elle étend sa protection à la vie entière des aveugles. Elle s'applique aux enfants à l'école, aux adultes à l'atelier (aux matières premières comme à l'outillage), à l'hospice pour les infirmes et les vieillards, au patronage pour tous. Vestiaire, lingerie, braille et bibliothèque circulante, musée, livres, journaux, rien ne lui reste étranger. Elle paraît en incessant progrès, en amélioration continue. Ajoutons enfin qu'elle est libéralement ouverte aux multiples désidérata et en union cordiale avec toutes les œuvres typhlophiles similaires.

Largement outillée pour l'assistance des aveugles civils, animée d'un généreux et ardent patriotisme, l'Association Valentin Haüy était toute préparée pour venir efficacement en aide à nos soldats aveugles. En effet, depuis près de trente ans qu'elle existe, elle s'est déjà occupée de près de 11.000 aveugles et elle s'est efforcée, avec succès, de réadapter à la vie utile ceux d'entre eux, en très grand nombre, qui avaient perdu la vue en pleine activité. Aussi, dès le début de la guerre, a-t-elle pris à cœur la nouvelle tâche qui s'offrait à elle, sans négliger l'ancienne.

Elle s'est empressée de publier une brochure intitulée : *Les Soldats Aveugles et leur réadaptation à la vie utile*, qui est un petit traité substantiel et pratique fort apprécié dans les pays alliés aussi bien qu'en France. On y trouve un exposé très précis de la question du travail pour les aveugles, des conseils aux visiteurs des soldats aveugles, à leur famille, et une brève étude sur le guide et l'orientation. Un court volume, *Nos Soldats Aveu-*

gles, également publié par l'Association Valentin Haüy et dû à M. André Dreux, archiviste-paléographe, reprend avec plus de développement, pour le grand public, la plupart des questions se rattachant à la cécité. Il est accompagné de photogravures représentant des aveugles, civils ou soldats, dans les divers exercices de leur activité.

Non contente de répandre par le livre des notions utiles, l'Association Valentin Haüy s'est mise en rapports directs avec des soldats aveugles. Elle en réunit, par roulement, une trentaine à la fois, dans son atelier de la rue Duroc, où ils apprennent la brosserie, la chaiserie, la vannerie, et où l'on étudie les différents métiers accessibles aux aveugles. Elle s'ingénie même à faire travailler des aveugles manchots. Cinq d'entre eux, dont un s'instruit chez elle, sont l'objet de sa sollicitude.

Outre les métiers qu'on vient d'énumérer, elle enseigne le massage. Son cours, professé par plusieurs docteurs, dont un distingué spécialiste, offre toutes les garanties d'une excellente formation théorique et pratique. Elle forme aussi des accordeurs, des dactylographes. Toutefois, comme elle est plus soucieuse des réalités, même modestes, que des apparences, même brillantes, et qu'elle préfère les résultats à la mise en scène, elle évite de faire naître chez ses protégés des ambitions irréalisables. Elle tient donc essentiellement à ne diriger vers le massage, l'accordage et la dactylographie, que des sujets offrant de véritables dispositions et capables de s'astreindre à de longues études théoriques et pratiques, car les aveugles qui les abordent sans les conditions requises sont voués à des échecs qui les découragent et qui, en outre, discréditent leurs confrères. C'est une constatation qui a été faite nombre de fois, mais qu'il est toujours nécessaire de rappeler, parce qu'elle semble ignorée de beaucoup de personnes qui s'occupent des aveugles avec plus de zèle que d'expérience.

Le choix d'un métier ou d'une profession pour l'aveugle est une question aussi délicate qu'importante, que l'Association Valentin Haüy s'efforce toujours de résoudre avec la plus grande prudence. Elle ne cherche pas à jeter tous les soldats aveugles dans un même moule; bien au contraire, chaque fois qu'elle trouve un aveugle qui exerçait une profession qu'il lui est possible de conserver — avec certaines modifications, cela va sans dire, — elle l'engage à persévérer. C'est ainsi que parmi les soldats aveugles un certain nombre étaient cultivateurs. Or, la cécité n'est pas un obstacle insurmontable pour tous les travaux agricoles dans la ferme, le jardin, même les champs. Plusieurs aveugles, qui vivent avec leurs parents, — il ne saurait être question d'aveugles gagés ou employés chez des étrangers, — prennent une part très active aux travaux de la ferme. L'un d'eux, qui, depuis plus de vingt ans, pratique avec succès ces travaux, vient de faire une tournée, aux frais de l'Association Valentin Haüy, pour visiter dans leurs foyers une dizaine de soldats aveugles appartenant à des familles agricoles, leur expliquer, leur montrer ses tours de main, ses procédés, leur donner confiance et les engager à ne pas lâcher prise. Tel d'entre eux peut déjà cueillir les fruits, les légumes, qu'il prépare pour les repas, laver la vaisselle, faucher l'herbe et tenir sa faux en état, atteler et dételer les chevaux, faire le pansage, distribuer la nourriture aux lapins et aux volailles, les soigner, aider la fermière à traire les vaches, battre le beurre, nettoyer les appareils, peser, lier les bottes de fourrage, tirer l'eau du puits, enfin, circuler avec beaucoup d'adresse dans l'intérieur de la ferme. Tel autre entretient seul cinquante ruches d'abeilles,

L'Association Valentin Haüy s'est mise en rapports avec un aveugle anglais, le capitaine Pearson Webber, très connu pour les remarquables résultats qu'il a obtenus dans l'élevage des volailles. Elle cherche à organiser pour ceux de nos soldats aveugles qui étaient agriculteurs, une petite école d'élevage et d'engraissage de volailles, où ils pourraient passer quelques semaines.

En même temps qu'elle enseigne un métier aux soldats aveugles, elle cherche à développer en toutes choses leur esprit d'initiative, à les habituer à aller et venir sans guide dans des locaux connus, à se passer le plus possible de l'aide des clairvoyants. Chacun de ceux qui travaillent à son atelier possède une armoire où il doit ranger lui-même ses effets. En un mot, on leur fait sentir la nécessité et la possibilité de « se débrouiller ». Le meilleur maître, en pareille matière, c'est l'exemple, et cet exemple ils le trouvent sans cesse à l'Association Valentin Haüy, en la personne de leurs professeurs et d'autres nombreux aveugles qui, avant eux, ont, pour ainsi dire, vaincu la cécité, qui leur font sentir, toucher du doigt tout ce à quoi ils peuvent arriver en dépit d'elle.

L'Association Valentin Haüy s'efforce également de leur faire acquérir certaines connaissances utiles ou agréables. Elle a organisé un cours commercial, pour leur donner des notions de comptabilité, leur apprendre comment disposer une facture, comment rappeler à un client une dette arriérée, ce que c'est qu'une traite, un protêt, etc. Elle leur enseigne la lecture et l'écriture en Braille, l'écriture au crayon avec un guide-mains. Elle leur donne des leçons de musique, chant, violon, mandoline, instruments de cuivre surtout. Elle cherche, enfin, à les distraire, soit par des conférences sur des sujets variés, mais se rattachant principalement à la guerre, soit par

des concerts, des récréations dramatiques, mono-
logues, etc. Elle a fait imprimer en Braille, à leur
usage, des livres d'une lecture facile, au point de
vue typographique, et d'un genre attrayant : œuvres
de Coppée, d'Alphonse Daudet, de Dumas père, etc.
Sa bibliothèque, avec ses 50.000 volumes en relief,
est, d'ailleurs, à leur disposition. En outre, deux
fois par jour, ils entendent une lecture à haute voix,
celle du matin étant toujours réservée au journal.
L'Association Valentin Haüy s'est efforcée d'organiser leur existence comme une véritable vie de
famille. Le pavillon qu'ils occupent, dans l'hôpital
établi par l'Association des Dames françaises à
l'Institution nationale des jeunes aveugles, boulevard des Invalides, forme une section tout à fait
indépendante.

Quand ils quitteront son atelier, l'Association
Valentin Haüy leur fournira l'outillage et les
matières premières dont ils auront besoin pour
l'exercice de leur nouveau métier. Elle sollicite, en
outre, de charitables concours féminins pour leur
assurer un trousseau.

Grâce à toutes ces mesures, et le moral aidant,
on voit régner dans ce petit groupe d'aveugles un
entrain, une ardeur au travail, une bonne humeur
joyeuse, qui font l'admiration et même la stupé-
faction des nombreux visiteurs et visiteuses qui
viennent s'informer de leur état et de leur existence.
L'Association Valentin Haüy est toujours très reconnaissante à ces visiteurs et à ces visiteuses de l'intérêt qu'ils témoignent à ses protégés : mais leur
affluence même l'a contrainte, dans l'intérêt du travail et de la discipline, à réglementer ces visites.

Ce qui frappe le plus, chez tous ces soldats aveugles, c'est la transformation soudaine opérée en eux
par le travail. Installez-les, pour la première fois,
devant un établi, mettez entre leurs mains ce qu'il

leur faut pour fabriquer une brosse, le crochet d'acier, le bois, le loquet de chiendent, « alors, il se passera, comme le dit M. Eugène Brieux, une chose extraordinaire. Vous verrez devant vous s'accomplir un miracle. Chacun de vos élèves sera intéressé, conquis par la *brosse bénie*, absorbé par son travail — par ce travail qu'il réussit — ou qu'il croit réussir du premier coup. Deux heures, trois heures après, chacun sera transfiguré. On vous croira. On croira ce que vous avez dit, parce qu'on aura entre les doigts un objet dont on sait qu'il a une valeur marchande et que l'on aura créé. On aura la preuve matérielle, évidente, palpable, qu'on peut faire quelque chose sans y voir clair. »

L'Association Valentin Haüy ne borne pas son action aux soldats aveugles qui travaillent dans son atelier. Elle est maintenant en rapports constants, dans toute la France, avec environ trois cents de ces tragiques héros rentrés ou non dans leurs foyers. Ils nécessitent un échange de lettres très actif, de nombreuses visites et démarches. L'Association Valentin Haüy les conseille, les suit dans leur nouvelle existence et compte leur continuer, dans l'avenir, son assistance morale et matérielle (dons d'outillage, de matières premières, etc.). Souvent, même, elle députe près d'eux quelque aveugle compétent du voisinage, qui, de vive voix et par l'exemple, les encourage et les guide. A Lyon, elle dirige elle-même une section d'aveugles dans une ambulance.

Elle est en rapports suivis avec les groupements d'écoles de mutilés à Lyon, à Saint-Etienne, à Montpellier, à Bayonne, à Bordeaux, à Nantes, etc., où se trouvent des aveugles, et elle a fourni à certains d'entre eux des moniteurs expérimentés. Elle est heureuse de seconder les autres œuvres qui, depuis la guerre, se sont formées pour venir en aide aux soldats aveugles.

Ajoutons, pour terminer, que l'Association Valentin Haüy s'occupe aussi de plusieurs officiers aveugles qu'elle initie au système Braille et à toutes les méthodes permettant à ceux qui perdent la vue de conserver et d'accroître leurs ressources intellectuelles.

C'est avec le généreux concours de divers souscripteurs que l'Association Valentin Haüy s'efforce de subvenir aux dépenses supplémentaires que nécessitent les organisations qui viennent d'être énumérées. Elle continue de faire un pressant appel au public. Elle demande qu'on l'aide matériellement, par des dons, si modestes soient-ils, qu'on vienne examiner, à son magasin (à Paris, 9, rue Duroc et à Montpellier, 5, boulevard Louis-Blanc) les objets confectionnés par les ouvriers aveugles : brosses, balais, chaises, paniers, etc., et qu'on lui fasse de nombreuses commandes.

Dans tout ce qu'elle tente pour améliorer la condition de nos soldats aveugles, l'idée qui la domine est celle-là même dont elle n'a cessé de s'inspirer depuis sa fondation, c'est qu'un aveugle peut et doit *refaire sa vie*.

Puisse cette vérité, déjà tant de fois démontrée par l'expérience, s'affirmer toujours davantage par l'exemple de nos héroïques soldats !

STATUTS

CHAPITRE Ier

But, Siège, Conditions d'admission

ARTICLE PREMIER. — L'Association Valentin Haüy pour le bien des aveugles, fondée en 1889, a pour but d'unir, de seconder les personnes et les œuvres qui s'oc-

cupent d'eux, d'étudier, de propager, d'appliquer tout
ce qui peut concourir à l'instruction et au patronage des
aveugles et enfin de vulgariser la prophylaxie de la
cécité. Elle a son siège à Paris.

Art. 2. — L'Association se compose de membres bienfaiteurs, perpétuels et titulaires. Pour être membre titulaire, il suffit de verser une cotisation de 1 franc. Un
versement unique de 25 francs dispense pour toujours
de la cotisation annuelle de 1 franc, et les personnes
qui font ce versement reçoivent le titre de membres
perpétuels. Le Conseil d'Administration peut conférer
le titre de bienfaiteurs aux membres qui auront versé
une somme de 500 francs au moins.

Les dames sont admises et jouissent des mêmes droits
que les hommes.

Art. 3. — Les discussions politiques ou religieuses
sont absolument interdites.

CHAPITRE II

Organisation

Art. 4. — L'Association est administrée par un Conseil de quarante membres au plus, élu pour 5 ans par
l'Assemblée générale. Il est composé de clairvoyants et
d'aveugles et les membres aveugles doivent être aussi
nombreux que des membres clairvoyants. Il n'y aura pas
moins de six dames. Nul ne peut être élu membre du
Conseil s'il n'est Français et majeur.

Il choisit parmi ses membres un bureau composé d'un
président, deux vice-présidents, un secrétaire général et
un trésorier. Le bureau est élu pour un an, cependant
le secrétaire général et le trésorier sont élus pour 5 ans;
tous sont rééligibles.

Le Conseil se réunit tous les trois mois et chaque fois
qu'il est convoqué par son président, ou sur la demande
du quart de ses membres.

En l'absence du président et des vice- présidents, le

Conseil est présidé par le plus ancien de ses membres présents.

En cas de partage, la voix du président est prépondérante.

Le Conseil entend les rapports qui lui sont faits sur toutes les opérations de l'Association, discute les mesures qui lui sont proposées, prend des décisions, autorise les dépenses et examine les comptes du trésorier, prononce l'admission des membres de l'Association.

La présence du tiers des membres du Conseil est nécessaire pour la validité des délibérations; si aucune décision n'a pu être prise par suite de l'insuffisance des membres présents, la décision prise à la séance suivante, sur les mêmes objets, sera valable, quel que soit le nombre des membres présents à cette séance.

Il est tenu procès-verbal des séances.

Les procès-verbaux sont signés par le président et le secrétaire.

En cas de vacances, le Conseil pourvoit au remplacement de ses membres, sauf ratification par la plus prochaine Assemblée générale.

Le renouvellement du Conseil a lieu tous les ans par cinquième; les membres sortants sont rééligibles.

Art. 5. — Les fonctions énumérées à l'article 4 sont gratuites.

Art. 6. — Aucune publication ne peut être faite au nom de l'Association sans l'examen préalable et l'approbation du bureau.

Art. 7. — Le président préside l'Assemblée générale et les réunions du Conseil. Il ordonnance les dépenses. De concert avec le secrétaire général il arrête l'ordre du jour des séances. En son absence, il est remplacé par un des vice-présidents. Le président fera connaître, en temps utile, à l'autorité compétente, les changements qui viendront à se produire dans la composition du Conseil.

Art. 8. — Le secrétaire général est chargé de la correspondance et centralise les écritures. Il rend compte au Conseil de ce qui se passe dans l'intervalle des séances et lui propose les mesures à prendre. Il est chargé de faire exécuter les décisions prises par le Conseil. Il peut être assisté d'un ou plusieurs secrétaires adjoints.

Art. 9. — Le trésorier représente l'Association en justice et dans tous les actes de la vie civile ; il reçoit les versements, garde en dépôt les fonds disponibles et effectue les paiements autorisés, donne quittance des sommes que l'Association reçoit. — Les comptes sont contrôlés par le Conseil et soumis chaque année à l'approbation de l'Assemblée générale. Il peut être assisté d'aides trésoriers.

CHAPITRE III

Moyens d'action. Ressources

Art. 10. — Les moyens d'action de l'Association Valentin Haüy sont :

1° Les publications, conférences, etc.

2° Les ressources matérielles énumérées ci-après.

Art. 11. — Les ressources de l'Association se composent :

1° des cotisations et souscriptions de ses membres ;

2° des dons et legs dont l'acceptation aura été autorisée par le gouvernement ;

3° des subventions qui pourraient lui être accordées ;

4° du produit des ressources créées à titre exceptionnel, avec l'autorisation du gouvernement (quêtes, loteries, etc.) ;

5° enfin du revenu de ses biens et valeurs de toute nature.

Art. 12. — Les fonds disponibles seront placés en rente nominative 3 % sur l'Etat, ou en obligations nominatives de chemins de fer dont le minimum d'intérêt est garanti par l'Etat.

Art. 13. — Le fonds de réserve comprend :

1º au moins le dixième de l'excédent des ressources annuelles ;

'2º les sommes versées par le rachat des cotisations .

3º la moitié des libéralités autorisées.

Ce fonds est inaliénable, ses revenus peuvent être appliqués aux dépenses courantes.

Art. 14. — Les délibérations relatives à l'acceptation des dons et legs, aux acquisitions et échanges d'immeubles sont soumises à l'approbation du gouvernement.

Art. 15. — Les délibérations relatives aux aliénations, constitutions d'hypothèques, baux à long terme et emprunts ne sont valables qu'après l'approbation par l'Assemblée générale.

CHAPITRE IV

Assemblée générale

Art. 16. — —Chaque année tous les membres de l'Association sont convoqués en Assemblée générale par voie du bulletin de l'Association.

L'ordre du jour de l'Assemblée est réglé par le Conseil d'administration. Son bureau est celui du Conseil.

Elle entend les rapports sur la gestion du Conseil d'administration, sur la situation financière et morale de l'Association. Elle approuve les comptes de l'exercice clos, vote le budget de l'exercice suivant, et pourvoit au renouvellement des membres du Conseil d'administration.

Le rapport annuel et les comptes sont adressés chaque année au Ministre de l'Intérieur, au Préfet du département et un résumé du rapport et des comptes est envoyé à chaque membre.

Art. 17. — La qualité de membre de l'Association se perd :

1º par la démission ;

2º par la radiation prononcée pour motifs graves, par l'Assemblée générale, à la majorité des deux tiers des membres présents, sur le rapport du Conseil d'adminis.

tration, et le membre intéressé dûment appelé à fournir ses explications.

ART. 18. — Les statuts ne peuvent être modifiés que sur proposition du Conseil d'administration ou de vingt-cinq membres de l'Association. Cette demande sera soumise au bureau au moins un mois à l'avance. L'Assemblée extraordinaire, spécialement convoquée à cet effet, ne peut modifier les statuts qu'à la majorité des deux tiers des membres présents. L'Assemblée doit se composer du quart, au moins, des membres en exercice.

Dans le cas où cette convocation resterait infructueuse, la délibération qu'aura prise une nouvelle Assemblée générale, spécialement convoquée un mois à l'avance, sera valable, quel que soit le nombre des membres présents.

La délibération de l'Assemblée est soumise à l'approbation du gouvernement.

CHAPITRE V

Groupe locaux

ART. 19. — Des groupes locaux pourront avec l'assentiment de l'autorité compétente, être formés dans les villes où l'Association comptera un certain nombre d'adhérents. Leur organisation sera déterminée par le règlement d'ordre intérieur.

CHAPITRE VI

Dissolution de l'Association

ART. 20. — L'Assemblée générale appelée à se prononcer sur la dissolution de l'Association et convoquée spécialement à cet effet doit comprendre au moins la moitié plus un des membres en exercice. Les résolutions sont prises à la majorité des deux tiers des membres présents et soumises à l'approbation du gouvernement.

Art. 21. — En cas de dissolution, l'actif de l'Association est attribué, par délibération de l'Assemblée générale, à un ou plusieurs établissements analogues et reconnus d'utilité publique. Cette délibération est soumise à l'approbation du gouvernement.

Art. 22. Il sera procédé de même en cas de retrait de l'autorisation donnée par le gouvernement. Dans le cas où l'Assemblée générale se refuserait à délibérer sur cette attribution, il serait statué par un décret rendu en forme des règlements d'administration publique.

Art. 23. — Un règlement intérieur adopté par l'Assemblée générale et approuvé par le Préfet arrête les conditions de détails propres à assurer l'exécution des présents statuts. Il peut toujours être modifié dans la même forme.

ŒUVRE ET ECOLES-ATELIERS

Des Soldats Aveugles et Aveugles de Guerre

De la Région de Montpellier

L'œuvre des soldats-aveugles est le complément patriotique de notre œuvre des aveugles régionaux de l'Association Valentin Haüy créée en 1899.

Origine. — En septembre 1914, dès l'arrivée à la clinique ophtalmologique de plusieurs aveugles de guerre, nous avons songé pour eux à la création d'écoles-ateliers et nous avons agi en conséquence, à Paris, auprès de l'Association Valentin Haüy, du Service de Santé au Ministère de la guerre et de l'Assistance Publique au Ministère de l'Intérieur.

En avril 1915, le comité des soldats-aveugles régionaux fut constitué par le comité élargi des aveugles civils et notre groupe de l'Association Valentin Haüy à Montpellier forma dès lors deux sections, civile et militaire, sous une direction commune, mais absolument distinctes au point de vue financier.

Un local provisoire pour douze aveugles fut d'abord organisé rue et impasse Pagès et reçut ses premiers élèves le 15 septembre 1915 · c'était précaire, défectueux et insuffisant.

Un bâtiment définitif, pour cinquante élèves, fut ensuite organisé à l'ancien couvent de l'Assomption, hôpital 48, et tous les élèves s'y trouvèrent réunis le 26 janvier 1916. Cette installation suffisante d'emblée, devint bientôt très importante.

L'hôpital 48 contenait, en effet, 123 lits, moitié pour les affections des yeux et moitié pour celles du nez, de la gorge et des oreilles.

Les malades oculaires y furent maintenus mais les autres, remplacés par les aveugles de guerre. L'hôpital se trouva ainsi spécialisé avec les ophtalmiques d'un côté, les aveugles de l'autre.

L'Ecole de rééducation des soldats aveugles occupe actuellement une grande partie de l'Hôpital avec ateliers, bureau, réfectoire, salle de récréation au rez-de-chaussée, dortoir, vestiaire et lingerie au premier étage.

Les bâtiments sont spacieux, bien aérés et très ensoleillés, entre cours et jardins, avec arbres et pelouses : ils donnent dans l'ensemble bonne impression d'hygiène et de confort.

L'organisation administrative des Ecoles-ateliers d'aveugles est à la fois militaire, au point de vue hospitalier, et civile, au point de vue scolaire.

Les aveugles, qu'ils soient réformés ou pensionnés, sont hospitalisés comme ophtalmiques, au titre militaire. Tout le côté matériel, logement, nourriture, chauffage, éclairage, entretien, relève du service de santé ; de même pour le service infirmier, médical et disciplinaire ; le médecin-chef de l'hôpital est enfin directeur de l'école de rééducation.

L'Ecole toutefois garde son entière autonomie fonctionnelle.

Les aveugles sont entièrement séparés des ophtalmiques dans les dortoirs, au réfectoire, etc. et jouissent d'un régime particulier.

Leurs logements sont remis à neuf et bien entretenus.

Il existe des suppléments d'ordinaire avec petit déjeuner, goûter, dessert à midi et le soir, demi-litre de vin, gâteaux, cigares et cigarettes aux moindres occasions.

Ils reçoivent, dès l'arrivée, un costume de sortie, couleur horizon avec col et casquette, ainsi que deux costumes de travail en toile bleue.

Ils ont une lingerie particulière avec fournitures, raccommodage et blanchissage gratuits. Enfin la discipline reste très paternelle : sortie le soir de 7 à 9 h., congé le jeudi après midi et le dimanche toute la journée ; grandes et petites vacances ; promenades, concerts, théâtre et congés presque à volonté.

Enseignement élémentaire et professionnel , y compris le braille, la dactylographie, le chant et la musique, par des professeurs civils aveugles ou clairvoyants. Le côté social, moral et familial mérite, en terminant, une indication spéciale.

En effet, outre l'élément militaire, très précieux pour la discipline, et l'élément civil, utile à l'enseignement, l'Ecole-ateliers des aveugles de guerre reste en relations habituelles avec le grand public typhlophile et en contact presque permanent avec des dames et des demoiselles de l'aristocratie et de la bourgeoisie.

Les dames assistantes et les demoiselles auxiliaires s'occupent de l'ensemble de l'Ecole et spécialement du vestiaire, de la lingerie, des travaux d'art (filet, macramé, raphia) du braille, de la dactylographie, de la musique, du chant et des distractions (chants, concerts, lectures, promenades).

Elles servent de répétitrices, de correspondantes et de conseillères amicales.

L'OEuvre et l'Ecole des soldats aveugles les apprécient hautement.

Leur dévouement charitable reste inépuisable et leur action généreuse, particulièrement sympathique.

Dames et Demoiselles constituent autour des aveugles une atmosphère affectueuse. Elles remplacent auprès de nos aveugles, les sœurs et les mères absentes. Dévouées à chacun, elles s'attachent surtout aux plus éprouvés, aux plus délaissés, aux plus malheureux et méritent, à tous égards, notre profonde et respectueuse gratitude.

Ces conditions presque familiales inspirent le règlement général et son application intérieure.

Règloment. — Nous le reproduisons ici textuellement de manière à indiquer, avec quelques détails, l'organisation et le fonctionnement de l'Ecole.

Conditions d'entrée, de séjour et de sortie. — Peuvent être admis aux Ecoles-Ateliers les aveugles militaires non réformés, réformés ou pensionnés des départements régionaux, des régions françaises envahies et de Belgique. Les aveugles ayant une autre origine ne sont reçus qu'à titre provisoire et exceptionnel.

Scolarité. — La scolarité moyenne est de un an environ, avec internat ou externat.

Tout aveugle a le droit de quitter les Ecoles-Ateliers quand il le désire.

Le Conseil des Ecoles-Ateliers peut prononcer l'exclusion de tout élève indiscipliné.

Grâce aux ressources de l'Œuvre, les pensionnaires peuvent continuer à toucher l'intégralité de leur allocation ou de leur pension militaire.

Apprentissage et Enseignement. — L'apprentissage professionnel comporte : la Brosserie, la Chaiserie, la Vannerie, la Cordonnerie, l'imprimerie Vaughan, exceptionnellement le Massage, l'Accord des pianos, la Téléphonie.

L'enseignement intellectuel comprend : l'Ecriture

et la Lecture Braille, la Dactylographie, la Musique, des Notions Primaires et de Comptabilité.

L'outillage, le matériel et les fournitures sont absolument gratuits.

Des professeurs compétents, aveugles ou clairvoyants, sont attachés à chaque spécialité.

Locaux. — Les locaux des Ecoles-Ateliers sont actuellement situés à l'ancien couvent de l'Assomption.

Ils sont contigus au service d'ophtalmologie correspondant et occupent le rez-de-chaussée et le premier étage.

1° *Rez-de-Chaussée* : Ateliers de brosserie, de vannerie et de chaiserie, salle de dactylographie et Braille, salle d'étude et de récréation, bureau, réfectoire et cuisine.

2° *Premier étage* : dortoirs, vestiaire, lingerie.

Il existe, en outre, préau, véranda, cours, parc et jardin.

Vêtements. — Chaque élève interne reçoit un costume de sortie et deux costumes de travail.

Le linge de corps est complété, si besoin. L'entretien des vêtements et du linge reste gratuit.

Alimentation. — La nourriture est aussi soignée que possible comme qualité, quantité et variété.

Petit déjeuner, à 7 h. 1/2 : Café, pain, fromage.

Déjeuner. 12 heures : Potage, plat gras, plat maigre, fromage ou dessert. 1/4 litre de vin.

Goûter, 16 heures : Pain et chocolat ou gâteaux et fruits.

Dîner, 19 heures : Potage, plat gras, plat maigre, dessert. 1/4 litre de vin.

Soins médicaux. — Les soins médicaux, chirurgicaux, oculistiques ou autres sont assurés par les médecins chefs de services dans les hôpitaux civils ou militaires.

Travail. — La durée du travail est de huit heures par jour :

De 8 h. à 10 h., de 10 h. 1/2 à 12 h., de 14 h. à 16 h., et de 17 h. à 19 h.

Récréations. — Lectures des journaux. Causeries. Jeux divers. Concerts. Excursions.

Sorties, Permissions. — *Sorties :* dimanche, de 7 heures à 21 heures ; jeudi, de 12 heures à 21 heures ; mercredi, de 10 heures à 12 heures, pour bains et douches.

Permissions : du samedi soir au lundi matin.

Théâtre, samedi et dimanche.

Congés. — 1° De Noël au Nouvel an : dix jours ; 2° Jours Gras : cinq jours ; 3° Pâques : quinze jours; 4° Pentecôte : cinq jours ; 5° Août ou Septembre : un ou deux mois.

Prime, Installation, Placement. — La *Prime* est constituée par le paiement intégral du travail personnel et l'attribution d'un livret de caisse d'épargne.

L'*Installation* est facilitée par l'allocation gratuite d'outils et de matériel.

Le *Placement* est subordonné aux circonstances et aux capacités professionnelles.

Conseil des Écoles-Ateliers. — Le Conseil est constitué par le Bureau du Conseil d'Administration de l'OEuvre.

Organisation régionale. — L'œuvre des Soldats aveugles et Aveugles de guerre de la région de Montpellier a pour objet leur assistance générale et leur rééducation professionnelle.

Elle comprend les huit départements du groupe régional des aveugles civils de l'Association Valentin Haüy : Ardèche, Aude, Aveyron, Gard, Hérault, Lozère, Pyrénées-Orientales, Tarn.

Elle a été constituée par ce groupe régional mais

absolument indépendante au point de vue financier; et il en devait être ainsi en raison de l'origine différente de la cécité et des conditions particulières des aveugles de guerre.

Les Ecoles-Ateliers sont, pour les soldats aveugles, analogues aux Ecoles professionnelles pour les mutilés des membres.

Ces Ecoles-Ateliers comprennent la chaiserie, la brosserie, le massage, l'accord des pianos, l'écriture Braille, la dactylographie et la téléphonie.

Les soldats aveugles célibataires ou isolés sont internes et vivent en commun ; ceux qui sont mariés, avec ou sans enfants, sont externes et restent en famille.

Les statuts de l'œuvre sont ceux de l'Association Valentin Haüy pour le bien des aveugles, reconnue d'utilité publique en 1891, et ayant son siège social à Paris, rue Duroc, 9.

Dans *chaque département* du groupe, un Comité doit rechercher, assister les soldats aveugles correspondants et recueillir les souscriptions, dons et legs. Ce comité est constitué par le Général, le Préfet, le Président du Conseil général, le Maire du chef-lieu, qui s'adjoignent, dans les principaux centres, les notabilités locales susceptibles d'accroître le nombre des adhérents et les ressources matérielles de l'œuvre.

Les dames surtout y seront nombreuses et actives. Toute initiative d'organisation et de propagande appartient au groupe départemental, en harmonie avec le Comité régional de Montpellier et le Comité central de Paris, conformément aux statuts de l'Association Valentin Haüy.

Dans le *département de l'Hérault*, l'œuvre des Soldats aveugles et Aveugles de guerre est constituée par l'Assemblée, le Comité, le Conseil et le Bureau:

L'Assemblée comprend tous les membres adhérents avec voix délibérative et les membres libres avec voix consultative. Elle se réunit au moins une fois l'an, approuve le budget et nomme le Conseil.

Le Comité est nommé par le Conseil. Il se réunit sur convocation du Conseil pour questions de patronage, de propagande ou de consultation.

Le Conseil est nommé par l'Assemblée, représente l'œuvre et prend toutes décisions nécessaires. Il élabore les règlements intérieurs et statue sur toutes les questions non prévues. Il nomme son bureau et se réunit, selon les besoins, sur convocation du président ou du secrétaire-directeur. Il peut déléguer ses pouvoirs au bureau.

Le Bureau est composé d'un président, deux vice-présidents, un trésorier, un trésorier-adjoint, un secrétaire-directeur et un secrétaire-adjoint.

Les *membres de l'œuvre*, à cotisations ou versements variables, sont les suivants :

1° *Présidents d'honneur* : S. E. le Cardinal, le Général en chef, le Préfet, le Président du Conseil général, le Maire de Montpellier.

2° *Bienfaiteurs*, versant au moins cinq cents francs, une fois pour toutes.

3° *Fondateurs*, versant au moins deux cents francs.

4° *Donateurs*, versant au moins cent francs.

5° *Adhérents*, versant dix francs par an.

6° *Libres*, versant au moins un franc par an.

Le Secrétariat régional de l'œuvre est à Montpellier, avenue de Lodève, impasse Pagès.

La Direction régionale se trouve également à Montpellier, 3, rue du Carré-du-Roi.

La Direction générale siège à l'Association Valentin Haüy, 9, rue Duroc, à Paris.

CONSEIL D'ADMINISTRATION

Présidente : Vicomtesse de CHARRIN, rue de la Loge, 20.

Vice-président : M. A. TISSIÉ, rue du Petit-Saint-Jean, 2.

Vice-Présidente : Mme Ch. Hortolés, rue Trésorier-de-la-Bourse, 15.

Trésorier des Aveugles civils de l'A. V. H. : M. Pierre ROUSSEL, avocat, rue Fabre, 4.

Trésorier-adjoint des Aveugles civils de l'A. V. H.: M. G. DEHAN, avocat, boulevard Jeu-de-Paume, 41.

Trésorier des Soldats aveugles: M. A. DESMARRES, juge, boulevard Berthelot, 7.

Trésorier-adjoint-archiviste des Soldats aveugles : M. C. AUSSEL, dactylographe, impasse Pagès, avenue de Lodève.

Secrétaire-Directeur : professeur H. TRUC, 3, rue du Carré-du-Roi.

Conseillers : M. Marc BAZILLE, banquier, Grand'-Rue, 21.

M. BROCARD, conseiller à la Cour d'appel, rue Urbain V, 3.

Marquis DE FORTON, rue Jacques-Cœur, 16.

M. GRASSET-MOREL (Oswald), rue Nationale, 29.

M. MAURY, professeur à la Faculté des lettres, Villa Léo, avenue de l'Hôpital suburbain.

M. MEYNIER DE SALINELLES, banquier, rue Maguelone, 4.

COMITÉ

Mme Abauzit, rue Fabre, 4.

M. Albenas (le baron d'), rue Nationale, 14.

Mme Albenas (la baronne d'), Boulevard Jeu-de-Paume, 20.

Mlle Arnaud (Madeleine), rue Quartier-Général, 7.

M. C. Aussel, impasse Pagès, avenue de Lodève.

Mme Astruc, boulevard Berthelot, 17.

Mme Auriol, place de la Canourgue, 5.

M. Battle, docteur, rue Petit-Scel, 2.

M. Bazille (André), Grand'Rue, 25.

M. Bazille (Frédéric), Grand'Rue, 11.

M. Bazille (Marc), Grand'Rue, 21.

Mlle Bazin, à la Maternité.

Mme Bertrand (Marcelle), rue Ecole de Droit, 19.

M. Bertin-Sans, professeur-docteur, rue de la Merci, 5 *bis*.

M. Bertin-Sans (H.), professeur-docteur, rue de la Merci, 3.

M. Brémond, professeur, rue du Gymnase, 10.

M. Breysse, rue du Petit-Saint-Jean, 2.

M. Brocard, conseiller, rue Urbain V, 3.

Mme Bru, avenue de Toulouse, 51.

Mme Brunel, rue Clos-René, 16.

M. Caizergue (Henri), rue Ancien-Courrier, 5.

M. Castelnau (A.), rue Salle-l'Evêque, 12.

M. Castelnau (Charles), rue Salle-l'Evêque, 10.

M. Castelnau (Georges), rue Salle-l'Evêque, 12.

M. Castelnau (Jules), boulevard Ledru-Rollin, 4.

Mlle CASTELNAU (Mathilde), rue Marceau, 11.

M. CAZAL (Alphonse), docteur, rue Ecole-le-Droit, 10.

Mme CHABER, château de la Piscine.

M. CHARMONT, professeur, chemin de Nazareth, Villa Chambéry.

Mme CHARRIN (la vicomtesse de), rue de la Loge, 20.

M. CHAUSSE, professeur, faubourg St-Jaumes, 13.

Mlle CHAUVAIN (Elisabeth), rue de la République, 6.

Mme COSTE-FLORET (Jules), rue des Carmes, 16.

Mme CRASSOUS, rue Rondelet, 7.

Mlle CREVEILLER, directrice, Ecole Normale.

Mme DAUTHEVILLE, cours Gambetta, 27.

M. DÉHAN, avocat, boulevard Jeu-de-Paume, 41.

Mme DELORD, avenue de Lodève, 67.

M. DELORD-BŒHM, boulevard Victor-Hugo, 8.

M. DELPORTE, Grand'Rue, 31.

Mme DERRIEN, avenue du Stand, 16.

M. DESMARRES, juge, boulevard Berthelot, 9.

M. DREYSSÉ (Charles), rue de la République, 8.

Mlle DUNAL, place Observatoire, 5 bis.

M. DURAND DE FONTMAGNE (le baron), rue du Palais, 6.

M. ESPOUS (le comte d'), rue Salle-l'Evêque.

Mme ESPOUS DE PAUL (la comtesse d'), rue Montpelliéret.

M. ESTOR, professeur-docteur, plan du Palais, 6.

Mme FABRÈGE (Eugénie), Grand'Rue, 33.

M. FAULQUIER, ingénieur, route de Nimes, Villa des Marronniers.

Mme FAULQUIER (R.), rue Boussairolles, 6.

Mme FICHES (Pierre), rue Rondelet, 7.

Mme FERROUILLAT, Ecole Agriculture.

Mme FORGUE, boulevard Jeu-de-Paume, 18.

Mme FONTANIER (DE), rue de la République, 16.

M. FORTON (le marquis de), rue Jacques-Cœur, 16.

Mme Fourestier (A.), rue Bosquat, 12.

Mme Frat, rue Maguelone, 23.

M. Galavielle, professeur-docteur, rue Maguelone, 23.

M. Giniez (Albert), boulevard Henri IV, 3.

Mme Giniez, boulevard Henri IV, 3.

Mme Giraud (Antonin), boulevard Ledru-Rollin.

M. Giraud (Emile), rue de la République, 16.

Mme Gondran, Couvent des Dames de Nevers.

M. Guibal, avocat, rue Fournarié, 1.

M. Guibal, docteur, rue du Petit-Saint-Jean, 7.

Mme Guilbaud-Olivier, rue Saint-Louis, 3.

M. Granel, professeur-docteur, rue du Collège, 14.

M. Grasset, conseiller, rue Boussairolles, 16.

M. Grasset (J.), professeur-docteur, rue J.-J.-Rousseau, 6.

M. Grasset (Joseph), avocat, boulevard Jeu-de-Paume, 22.

Mme Grasset-Morel, boulevard du Peyrou, 2.

M. Grasset-Morel (Oswald), rue Nationale, 29.

Mme Hamelin, rue de la République, 7.

Mme Hortolès (Ch.), rue Trésoriers-de-la-Bourse, 15.

Mme Jasme (Auguste), Plan Pastourel, 17.

Mme Jeanjean, rue Valfère, 4.

Mme Jeunehomme, rue Nationale, 29.

M. Jullien, avoué, rue Saint-Guilhem, 34.

Mme Lambert, rue des Grenadiers, 22.

Mme Lavièrie (de), rue des Trésoriers de France, 5.

MM. Leenhardt (Albert et Henri), boulevard Jeu-de-Paume, 22.

M. Leenhardt, architecte, rue Marceau, 5 *bis*.

M. Leenhardt, professeur-docteur, rue Marceau, 8.

Mme Leenhardt (P.), rue Marceau.

Mlle Leigues, rue Argenterie, 10.

Mme Lubac (Jean), rue Stanislas-Dijeon.

Mme MASSILLAN (DE), rue Saint-Guilhem, 35.

Mme MASSON, rue Bosquat, 12.

M. MAURY (F.), professeur, avenue Hôpital Suburbain, Villa Léo.

Mme MAZE, rue Salle-l'Evêque, 12.

Mme MENAND, avenue du Stand, 14.

M. MEYNIER DE SALINELLES, rue Maguelone, 4.

Mme MEYNIER DE SALINELLES, rue Maguelone, 5.

Mme MEYRUEIS, rue Salle-l'Evêque, 12.

M. MICHEL (Félix), rue Clos Réné, 5.

M. MICHEL (Henri), architecte, boulevard Victor-Hugo, 3.

Mme MICHEL (Henri), boulevard Victor-Hugo, 3.

M. MILHAUD (B.), avocat, rue Jeu-de-Paume, 5.

M. MONIS, professeur, rue Salle-l'Evêque, 8.

M. NÈGRE, sénateur, avocat, rue St-Guilhem, 50.

Mme PAGÉZY, Grand'Rue, 10.

Mme PASCAL, rue Trésoriers-de-la-Bourse.

M. PEZET, docteur, député, maire de Montpellier, Avenue de Lodève, 27.

M. PORTE (P.), rue Edouard-Adam, 6.

M. PUECH, professeur-docteur, rue de la Valfère, 8.

M. RAUZIER, professeur-docteur, rue Clos-René, 12.

Mlle RAYMOND (Julia), rue Bosquat, 12.

Mlle REYNES-MONTLAUR, rue Vieille-Intendance, 9.

M. RICHARD, directeur de la *New-York*, boulevard de l'Esplanade, 33.

Mme RICOME (Ernest), boulevard Jeu-de-Paume, 26.

M. ROUSSEL (Pierre), avocat, rue Fabre, 4.

Mme ROUSSY, rue Clos-René, 5.

Mlle SAMARY, rue Trésoriers-de-la-Bourse, 4.

Mme SAR, rue Pont de Lattes, 21.

Mme la SUPÉRIEURE de l'Institution des Sourds-Muets et Jeunes Aveugles, rue St-Vincent-de-Paul, 17.

Mme LA SUPÉRIEURE de l'Hôpital Général.

Mme LA SUPÉRIEURE de l'Hôpital Suburbain.

Mme SUQUET, route du Pont-Juvénal, 1.

Mme TEISSERENC (Victor), place de la Comédie.

M. TISSIÉ, rue du Petit-Saint-Jean, 2

M. TRUC (H.), professeur-docteur, rue du Carré-du-Roi, 3.

M. VALÉRY, professeur, rue Fournarié, 1.

M. VALLOIS, professeur-docteur, rue Marceau, 16.

M. VIALLETON, professeur-docteur, Bd. du Peyrou, 1

Mme VILLARMOIS (la vicomtesse de la), rue Salle-l'Evêque, 5.

M. WARNERY, cours Gambetta, 27 *bis*.

ÉLÈVES PASSÉS A L'ÉCOLE

ALLEMAND Célestin, 21 ans, voiturier, à Gua, canton de Vif (Isère), célibataire, 261° d'infanterie.

ALGUIER Germain, 31 ans, marinier, de Béziers (Hérault), célibataire, 80° d'infanterie.

ARNOULD Arsène, 26 ans, ajusteur, à Noiry (Ardennes) marié, sans enfant, 165° d'infanterie.

ARMES Jules, 64 ans de Montpellier, veuf sans enfant, commandant au 122° territorial.

BAYOL Adrien, 22 ans, cultivateur, de Mérican (Aveyron), célibataire, 142° d'infanterie.

BENACO Jean, 33 ans, cultivateur, de Contarie (Aveyron), marié sans enfant, 171° d'infanterie.

BENOIT Edouard, 31 ans, cultivateur, de Casteljean (Ardèche), marié, sans enfant, 3° régiment d'artillerie.

BICHERON Marius, 22 ans, cultivateur, de Montfavet (Vaucluse), célibataire, 92° d'infanterie.

CÉRÉ-LABOURDETTE Jean, 21 ans, cultivateur, de Sauveterre-de-Béarn (Basses-Pyrénées), célibataire, caporal au 7° colonial.

CHAMBERT Henri, 29 ans, cultivateur, de Bize (Aude) marié, sans enfant, sous-officier, 4° colonial.

CHAVILLIER Clovis, 24 ans, cultivateur, de Vaugines (Vaucluse), célibataire, sergent-major au 55° d'infanterie.

CHOURET Jean-Baptiste, 36 ans, militaire, de Buziet (Basses-Pyrénées), marié, 1 enfant, sous-lieutenant 1er régiment d'infanterie coloniale.

COINCHELIN Justin, 45 ans, chasseur-forestier, de Colroy-la-Grande (Vosges), marié, 3 enfants.

CROS Henri, 26 ans, cultivateur, de Sigean (Aude), marié, 1 enfant, 2° génie.

DAVID Clément, 39 ans, cultivateur, Laboissière-de-Montaigut (Vendée), marié, 4 enfants, 88° territorial.

Debooserie Henri, 27 ans, teinturier, de Roubaix (Nord), marié, sans enfant, 87e d'infanterie.

Delmas Henri, 34 ans, vigneron, de Flor asac (Hérault), marié, 1 enfant, 253e infanterie.

Devèze Gédéon, 36 ans, cordonnier, de Nimes (Gard). marié, 2 enfants. 312e d'infanterie.

Digne Marius, 34 ans, cultivateur, du Plan-de-la-Tour (Var), marié, sans enfant, sergent au 312e d'infanterie.

Draperie Jacques, 34 ans, cultivateur, de Château-neuf-de-Grasse (Alpes-Maritimes), marié, 1 enfant 111e d'infanterie.

Dubois Gustave, 28 ans, cultivateur, de Bagard (Gard) célibataire, du 173e d'infanterie.

Fabre Irénée, 21 ans, cultivateur, de Clermont-l'Hérault, célibataire, 107e bataillon de chasseur.

Favorier Louis, 36 ans, cultivateur, de Mauguio (Hérault). marié, sans enfant, 38e colonial.

Felgeyrolles Henri, 26 ans, ajusteur, de Bagnols-les-bains (Lozère), célibataire, 142e d'infanterie.

Fraisse Emmanuel, 20 ans, téléphoniste, de Corneilhan (Hérault), célibataire 173e d'infanterie.

Gimelin Henri, 41 ans, cultivateur, de Saint-Bénézet (Gard), du 255e d'infanterie.

Gany Firmin, 35 ans, corroyeur, de Millau (Aveyron), marié, sans enfant, du 342e territorial.

Guziaux Benoît, 39 ans, valet de chambre, à Arre (Gard), marié, 1 enfant. 247e d'infanterie.

Guibaud Joseph, 28 ans, garçon de laboratoire, des Cun (Tarn), célibataire, 55e d'artillerie.

Isard Louis, 37 ans, cultivateur, de Prades-de-Salars (Aveyron), célibataire, 142e d'infanterie.

Loumière Léon, 22 ans, cultivateur, de Jonquières (Vaucluse), marié, 1 enfant, 4e régiment d'artillerie coloniale.

Mas Louis, 44 ans, serrurier, de Narbonne (Aude), marié, 2 enfants, du 1er génie.

Marranov Charles, 21 ans, cultivateur, de Focalvi (Aude), célibataire, 44e d'infanterie.

Maurel Zéphirin, 32 ans, cultivateur, de Conic-de-Brandonnet (Aveyron), marié, 2 enfants, 77° bataillon de chasseurs à pied.

Maury Gaston, 25 ans, tuilier, de Carcassonne (Aude), célibataire, 20° d'infanterie.

Mazaudier François, 22 ans, mineur, de Champclauson (Gard), célibataire, 163° d'infanterie.

Monfort François, 33 ans, cultivateur, d'Angers, (Maine-et-Loire) célibataire, 149° d'infanterie.

Morix-Lacotas Pierre, 22 ans, cultivateur, de Monteil-Peyssec (Gironde), célibataire, caporal au 1er régiment de la Légion étrangère.

Nègre Louis, 21 ans, négociant en charbon, de Lézignan, (Aude), célibataire, 328° d'Infanterie.

Nardy Louis, 40 ans, employé dans manufacture de tabac de Marseille, (Bouches-du-Rhône), marié, sans enfant, 203° l'infanterie.

Ollivier Henri, 36 ans, charretier, de la Bédoulle (Bouches-du-Rhône), marié, sans enfant, 112° d'infanterie.

Pichenot Eugène, 31 ans, orfèvre, de Paris, marié sans enfant, 365° d'infanterie.

Reynes Gustave, 32 ans, cultivateur, de la Titalie (Aveyron), célibataire, 365° régiment d'infanterie.

Sageloly Jean, 20 ans, fouettiste, de Sorède (Pyrénées-Orientales), célibataire, 53° d'infanterie.

Scotto Dominique, 29 ans, serrurier, de Marseille (Bouches-du-Rhône), célibataire, 3° régiment de zouaves.

Senix Gilbert, 40 ans, cultivateur, de Chanterel (Cantal), marié, 1 enfant, 100° territorial.

Taxis Joseph, 22 ans, garçon de café, à Montpellier (Hérault), marié, 1 enfant, 115° d'infanterie.

Tauriac Calixte, 35 ans, cultivateur, de Broquiès (Aveyron), célibataire, 341° d'infanterie.

Théodule Paul, 37 ans, chapelier, d'Espéraza (Aude), célibataire, 410° d'infanterie.

Thorend Joseph, 35 ans, mineur, de Sahorre (Pyrénées-Orientales), célibataire, 53° d'infanterie.

Torrebore Louis, 44 ans, pêcheur, de Dunkerque (Nord) marié, 2 enfants, 35° d'infanterie.

ÉLÈVES SORTIS DE L'ÉCOLE

ALLEMAND Célestin, évacué à l'école de Villeurbanne, à Lyon (Rhône).

ALQUIER Germain, évacué à l'école de Toulouse (Hte-Garonne).

CHAULLIER Clovis, évacué à l'école de Marseille (Bouches-du-Rhône).

DRAPERIE Jacques, établi à Châteauneuf-de-Grasse (Alpes-Maritimes).

DIGNE Marius, établi au Plan-de-la-Tour (Var).

FELGEYROLLES Henri, établi à Bagnols-les-Bains (Lozère).

GARY Firmin, établi à Millau, (Aveyron).

LOUBIÈRE Léon, établi à Jonquières (Vaucluse).

MONFORT François, évacué à l'école de rééducation à Nantes.

NARDY Louis, évacué à l'Ecole de Marseille (Bouches-du-Rhône).

OLLIVIER Henri, établi à la Bédoulle-Roquefort (Bouches-du-Rhône).

PICHENOT Eugène, évacué à Paris (Maison de convalescence de Reuilly).

TARRIAC Calixte, établi à Broquiès (Aveyron).

TORREBORE Louis, établi à Dunkerque (Nord).

ÉLÈVES EXTERNES EN MÉNAGE

Arnould Arsène, 26 ans,
Chambert Henri, 28 ans. 1 enfant
Chounet Jean-Baptiste, 36 ans, 1 enfant.
Cros Henri, 26 ans, 1 enfant.
Debooserie Henri, 27 ans.
Delmas Louis, 34 ans, 1 enfant.
Devèse Gédéon, 36 ans, 2 enfants.
Digne Marius, 34 ans.
Draperie Jacques, 32 ans, 1 enfant.
Farquter Louis, 36 ans.
Loumène Léon, 23 ans, 1 enfant.
Taxis Joseph, 22 ans, 1 enfant.

SOUSCRIPTIONS DIVERSES

MEMBRES BIENFAITEURS

(500 fr. et au-dessus)

Anonyme	fr.	500
Association Valentin Haüy, Paris	»	1.100
Banque Tissié-Sarrus, Rue du Petit-St-Jean, Montpellier	»	500
Bazille (Marc), 21, Grand'Rue Montpellier	»	500
Crassous, Rue Rondelet, 7, Montpellier	»	800
Crespin-Redarès (Mlle), Souscription dans le Gard	»	610
Comité P. L. M., Secours de Guerre	»	500
Cormouls-Houlès (M. et Mme), rue Barby Mazamet.	»	600
Élèves du Lycée de Jeunes Filles, Montpellier	»	500
Faculté de Médecine, Montpellier	»	500
Ferré, (Général). Quartier Général, Montpellier.	»	855
Hopital Tamaris, (Comité)	»	500
Kruger, Avenue de Lodève, Montpellier	»	500
Maffre (Louis), maire Mazamet	»	500
Maistre (Les Fils de Jules), Villeneuvette	»	500
Mahaut (Albert), Concert Nimes.	»	700
Mines d'Alais, (Direction et Personnel), Alais.	»	500
Ministère de l'Intérieur, Assistance Publique.	»	3.500
Monnier, Président du Fonds du Soldat Français, Genève	»	500
Œuvre des Mutilés de la Guerre, Montpellier.	»	5.000
Personnel de l'Usine de Tamaris	»	1.000
Quercy, Place Croix de Fer, Montpellier	»	2.000
Salins du Midi, (Cie)	»	500
Servan (Amiral), 22, rue Villefranche Montpellier	»	700
Servent (J.), Impasse Brun-Faulquier, Montpellier	»	885

Société produits chimiques, d'Alais, la Canourgue
et Salindres. . ... fr. 1.500

Société de secours aux blessés (Croix Rouge
Française) Montpellier . . .. » 1.000

Tissié, banquier, Rue du Petit-St-Jean, Montpellier .... » 500

Tourneysen (Mme Albert), 2, place Questel,
Nimes. . ... » 500

Truc, Professeur à la Faculté de Médecine, Rue
du Carré-du-Roi, 3, Montpellier .... » 735

MEMBRES FONDATEURS

(De 200 à 500 fr.)

Antonin, (Administrateur des Colonies), Collecte
en Mauritanie . . . . fr.   200
Arnaud (E.), Brd Sergent-Triaire, 3, Nimes...   200
Arnaud (Mlle), Rue du Quartier-Général, 7,
Montpellier. . . . . »   200
Asile Aliénés, (Personnel), Montpellier . . . . . . »   200
Association Amicale des Anciens Elèves du
Lycée de Jeunes Filles, Montpellier. . . . . »   250
Association Amicale des Anciennes Elèves du
Lycée, Montpellier. . . . . »   200
Auriol, (Mme C.), Place de la Canourgue, Mont-
pellier . . . . »   200
Baurès (E.), Cours Gambetta (fers), Montpellier »   200
Bazille, (A.), Grand'Rue, 25, Montpellier . . . . »   200
Blaauw, (E.), Buffalo, (M. Y.) . . . . »   300
Bonnet, (Emile), M. et Mme, docteur en droit,
11, faubourg St-Jaume, Montpellier . . . . »   200
Bouet (J.), Moulin de Boudet, près Montferrier.. »   200
Brémond (Jules), Doyen de la Faculté de Droit,
Rue du Gymnase, Montpellier . . . . »   200
Brunel (Mme Elie), Rue Clos-René, 16, Montpel-
lier . . . . »   200
Brunel Germain jeune, 6 bis, rue Cité-Foulc
Nimes . . . . »   200
Cailleux (M. de), Préfet honoraire, Trésorier
payeur général Montpellier . . . . »   200
Cassagnou, Médecin Principal et Direction du Ser-
vice de Santé, Montpellier. . . . . »   200
Castelnau (G.), Rue Salle l'Evêque, 12, Montpel-
lier . . . . »   200
Causel, Préfet, Montpellier . . . . »   200
Chabert (Mme), Château de la Piscine, Mont-
pellier. . . . . »   300
Chavasse (Mme Paul), Quai de Bosc, Cette . . . . »   200
Collège (Groupe de fonctionnaires non mobilisés)
Cette . . . . »   200

Comité, Union des Femmes de la Croix Rouge
    Française, à St-Hippolyte-du-Fort. .... fr.   300
Conseil Général de l'Ardèche .... »   250
Conseil Général de la Lozère .... »   250
Dautheville (Mme), Cours Gambetta, 27, bis,
    Montpellier .... »   200
Dehan (G.), Brd Jeu-de-Paume, 41, Montpel-
    lier .... »   200
Derrien professeur, Avenue du Stand, Montpel-
    lier... .... »   200
Desmarres, juge au Tribunal Civil, Brd Berthelot,
    9, Montpellier. .. .. »   200
Eclair, (Le Journal l'), Montpellier .... »   300
Eglise réformée Evangélique, de Lamastre, (Ar-
    dèche) . . .. »   200
Elèves de l'Ecole Supérieure de Filles, Béziers. »   400
Estève (Mme), Brd Ledru-Rollin, 10, Montpel-
    lier .... »   200
Fabrège, (Mlle E.), Grand-Rue, 33, Montpellier. »   200
Faculté de droit, Montpellier .... »   200
Faculté des lettres, Montpellier, ... »   200
Faculté des Sciences, Montpellier............... »   200
Fonctionnaires du Lycée de Garçons Montpellier. »   200
Gaffinel (Mme Auguste), Cette .... »   200
Gaussorgues (Edouard), Plan du Palais, 6, Mont-
    pellier. .... »   200
Gisiez (Albert, M. et Mme), boulevard Henri IV
    (2ᵉ versement). . ... »   200
Hortolès (Mme et Dr), Rue Trésorier de la
    Bourse, Montpellier, 15. .... »   200
Isemberg (Albert), Consul Belge à Cette, pour
    personnel, Maison Ferdinand Petit........... »   250
Jeanbrau, Professeur, Rue du Petit-St-Jean,
    2, Montpellier .... »   200
Jullian (Mme Ch.), avenue du Stand, 16, Montpel-
    lier .... »   200
Lastic (Marquise de), Avenue Bouisson-Bertrand,
    Montpellier. . ... »   200
Leenhardt (M. et Mme). .... »   200
M. R. P., Anonyme .... »   200
Maire de Cette .... »   200
Maistre (Les Fils de Jules), Villeneuvette...... »   200
Michel (Félix), Montpellier .... »   200
Mines de la Grand'Combe...................... »   300

NÈGRE (Louis), sénateur, Rue St-Guilhem, 50,
Montpellier. . . .. fr. 200
ŒUVRE du vin aux Soldats à Vauvert .... » 200
PARLIER (H.), Montpellier .... » 200
PÉLERIN (M. de), Château de Colombert, Alais.. » 200
PERSONNEL Banque Tissié-Sarrus, Montpellier... » 200
PERSONNEL ENSEIGNANT, (1re circonscription), Mont-
pellier . . .. » 250
PERSONNEL enseignement primaire de l'Hérault.. » 200
PERSONNEL de M. Gustave, Avenue Chancel, 27,
Montpellier .... » 200
PERSONNEL de la Mairie de Montpellier........ » 200
PERSONNEL des Travaux Publics de l'Hérault.. » 200
PERSONNEL du Lycée de Jeunes filles, Montpellier » 350
PERSONNEL sédentaire des Douanes, Cette........ » 250
PETIT MÉRIDIONAL, Rue Henri-Guinier, Montpel-
lier. . ... » 300
PEZET, Maire et député, Avenue de Lodève, 27,
Montpellier. . . .. » 200
P. T. T., DE L'HÉRAULT...................... » 410 50
Professeurs à l'Ecole de Pharmacie, Montpellier... » 200
P. T. T. à Nimes .... » 200
REVERDY (Sœur), quête religieuse............. » 300
RICOME, Bd Jeu de Paume, 26, Montpellier.... » 200
ROUSSY (Mme Alexandre), Rue Clos-René, 5,
Montpellier. . . .. » 200
ROUVILLE (Mr de), Professeur, Rue Ste-Foy,
Montpellier .... » 200
SACHET, Premier Président, Montpellier, ... » 200
SAGNIER (Jacques), Rue Graverol, Nimes........ » 200
SALVA (Mme J.) directrice cours complémentaire,
Uzès (vente) . ... » 340
SANS-PAREIL, établissement Bokanowski.......... » 200
Société des Salins de Frontignan .... » 300
STILLING (Mme Eva), Montpellier .... » 200
TEMPLE (M. et Mme), Rue Aiguillerie, 23, Mont-
pellier .... » 200
UNION NATIONALE DES CHEMINOTS, Montpellier. .. » 290
VERNIÈRE (M. et Mme). Montpellier .... » 200
VIALLETON (Dr et Mme). Rue Ecole-de-Droit,
Montpellier. . ... » 210
VILLARMOIS (Vtesse de La), Rue Salle l'Evêque, 5,
Montpellier. . . . . » 200
VILLENEUVE (Mme) Castres (Tarn) .... » 200

MEMBRES DONATEURS

(De 100 à 200 francs)

Albis (M. J. D') 34, rue St-Guilhem, Montpellier. fr. 100
A. V. H., Paris .... » 100
Anonyme .... » 100
Adhémar (Vicomtesse P. d'), Grand'Rue, Mont-
pellier .... » 100
Amicale des Médaillés Militaires.............. » 100
Arché-Plagniol, (famille), 56, rue du Courreau. » 150
Association des Fonctionnaires du Lycée de
Garçons .... » 100
Augé (M. Z.) .... » 100
Avesque (M. et Mme), tombola .... » 100
Banque Privée, Montpellier .... » 100
Bardou-Job (Mme P.), Aubiry, par Céret...... » 100
Bastide (M. P.), St-Pargoire .... » 160
Beaufet, avoué, Montpellier .... » 100
Bertin-Sans (Henri), Rue de la Merci, Montpel-
lier .... » 100
Blaquière (Lieutenant-Colonel et Mme) .... » 100
Brocard, Conseiller à la Cour, 3 rue Urbain V
Montpellier .... » 100
Cade (Marius), Passage Guérin, Nîmes.......... » 100
Caisse d'Épargne, le Vigan .... » 100
Caisse de Secours des instituteurs et institutrices
des Pyrénées-Orientales. . ... » 100
Cancel, vétérinaire, St-Mathieu-de-Tréviers .... » 100
Castan Alfred, Place de l'Observatoire, 5, Mont-
pellier .... » 100
Castelnau (Mme A.), rue Salle l'Evêque, 12,
Montpellier. . ... » 100
Carle, (violoniste) et Saléry, (organiste) ...... » 100
Cazalis (Lionel), Rue Terral, 23, Montpellier... » 100
Cazalis (M. G.), Montpellier .... » 100
Chabrin (Vicomtesse de), Rue de la Loge, 20,
Montpellier. .... » 100
Chavasse (Mlles E. et G.), Cette .... » 100

Collecte de la Commune de St-Geniez (Pyr.-Or.)	fr.	129 50
Clarisse Glaize, Rue Joubert, 1, Montpellier..	»	100
Collecte de Paques, St-Geniez-de-Fontaine (Pyr.-Orientales).	»	125
Comité secours Lycée Nimes	»	100
Commune de Balaruc.	»	100
Cie d'Electricité, Impasse Jeu de Ballon, Montpellier	»	100
Cie du Gaz, Rue Pont de Lattes, Montpellier..	»	100
Comptoir d'Escompte, Montpellier.............	»	100
Contributions Indirectes, (Personnel), Béziers.	»	100
Cousin (M. E.), Rue Baudin, 1, Montpellier..	»	100
Crédit Lyonnais, Montpellier	»	100
Degrully (M. L.), professeur, Ecole d'agriculture, Montpellier	»	100
Desmarres, pour Anonyme	»	150
Doridant (Mme), Route de Palavas	»	100
Ecole d'Agriculture, (Direction et Personnel), Montpellier	»	100
Ecoles, (La Renaissance, Lakanal, Sévigné, Voltaire, Paul Bert), Cette	»	100
Ecole Normale d'Institutrices, Carcassonne....	»	100
Elèves du Lycée de Garçons, Montpellier	»	100
Faulquier, Ingénieur, Faubourg de Nimes, Montpellier	»	100
Filature de Choppe Ringwol, le Vigan	»	100
Fonctionnaires de l'Ecole d'Agriculture, Montpellier	»	100
Fonctionnaires de l'Enregistrement, Montpellier.	»	100
Fonctionnaires dépendant du Ministère de l'Agriculture, Montpellier.	»	100
Fonctionnaires du Lycée d'Alais.............	»	100
Forton (Marquise de), Rue Jacques Cœur, 16, Montpellier	»	100
Gairaud (A), 4, Rue Jeu de l'Arc, Montpellier..	»	100
Gralhon (Mme), Impasse Brun-Faulquier, Montpellier.	»	100
Grasset, Professeur, 6, Rue Jean-Jacques Rousseau, Montpellier	»	100
Guizard (Mme L.), Rue Aiguillerie, 24, Montpellier.	»	100
Hortolès (Mme), Souscriptions particulières.....	»	124
Houël (Mme), rue Raymond-Marc, Nimes......	»	100
Instituteurs et Institutrices, Canton Uzès ..	»	100

Joly-Brunet, commissionnaire en vins, Nimes,
(versé par Mlle Crespin-Rédarès) .... fr. 100
Jullian (Mme Tobie), Rue de la Loge, 2, Mont-
pellier.. . . .. » 160
Lavergne (Gérard), Quai de la Fontaine, Nimes. » 100
Leenhardt (H.), Montpellier..................... » 100
Maistre (M. C.), Villeneuvette, Hérault ...... » 100
Maistre, (Mme J.), Villeneuvette, Hérault .... » 100
Maze (Mme E.), 12, Rue Sa'le l'Evêque, Montpel-
lier. . . . . » 100
Ménajelle (Mme), rue Raymond-Marc (Nimes). » 100
Mazoyer (Mlle), institutrice, Ecole Normale .. » 110
Meynier (M. P.), Montpellier .... » 100
Milhaud, Avocat, rue des Carmes, 14, Montpel'ier » 100
Nègre-Roussy (M. et Mme Georges), 5, rue Clos-
René . ... » 100
Pansier (André), Clinique Ophtalmologique...... » 100
Penchisat (Amédée), 30, Route de Beaucaire, Nimes » 100
Personnel Enseignant, Canton de Bagnols, Gard. » 150
Personnel enseignant, Canton Vauvert .... » 100
Professeurs du Lycée de Garçons, de Mont-
pellier. . . . . » 100
Raux (Etienne), Rue St-Guilhem, 19, Mont-
pellier .... » 100
Rey et Tramblay (MM.), Montpellier .... » 100
Richard (Mlle), Directrice de l'Ecole Publique, St-
André-de-Sangonis. . ... » 171 25
Robert (Victor), 46, rue Roussy, Nimes........ » 150
Rouget (Mme Vve), Brd Jeu de Paume, Montpel-
lier .... » 100
Saint-Geniez de Fontaine, (Collecte de Pâques),
Pyrénées-Orientales. . . .. » 125
Société Générale, Avenue de l'Esp'anade, Mont-
pellier. . . .. » 100
Société Marseillaise, Montpellier .... » 100
Souscriptions diverses (Mme Hortolès).......... » 124
Syndicat Agricole de Thézan-les-Béziers .... » 133
Troussel, Brd Jeu-de-Paume, 13, Montpellier .. » 100
Union Chrétienne de Jeunes Filles, Ste-Croix-
Vallée-Française, Lozère. . . .. » 100
Viasey, Doyen de la Faculté des Lettres, Mont-
pellier. . . . . » 100
Wagons-Fourres du Gard, 26, Avenue Bouisson-
Bertrand, Montpellier. .... » 100

(De 50 à 100 francs)

Agents service voie P.-L.-M...............	fr.	50
Aizon (Vsse d'), L'Estang, près le Pouget	»	50
Amicale des Médaillés de Montpellier........	»	50
Association Dames françaises, de Privas........	»	·79
Athenosy (Mme d'), Avenue de Toulouse, 2 *bis*, Montpellier	»	50
Aussel, dactylographe, Impasse Pages	»	75
Bastide (Pierre), rue d'Armagnac, Rodez	»	50
Bastide J., (pasteur), St-Pargoire	»	50
Benner (Uard), Avenue d'Assas, 18, Montpellier.	»	50
Bibal (Mme de), Rue d'Albisson, 1, Montpellier.	»	50
Boudrs, architecte, Rue de la Saunerie, 14, Montpellier	»	75
Bourguet, docteur, à Sommières	»	50
Bousquet (Mme), 1, Rue Grand-Saint-Jean......	»	50
Brizard, (Mme Jules), 18, rue de la République Montpellier (Collecte-tronc).	»	86
Caisse Crédit Agricole, le Pouget (Hérault) ..	»	50
Caisse de Secours des Fonctionnaires du Lycée de Nimes.	»	50
Castelnau (Raoul).	»	50
Cauvin (Emile), négociant, 20 Cours Jullien, Marseille	»	50
Causeight. Docteur, New-York	»	50
Chauvin, docteur pharmacien à Aubenas	»	50
Chevalier (Mme), Direction Asile Aliénés, Montpellier	»	50
Combier (Mlle), 8, rue Bonnard...............	»	50
Commune de Vacquière	»	50
Conseil municipal de la Cne d'Aunes..........	»	50
Conseil municipal de Ganges..................	»	50
Delpuech (M. et Mme), 17, Quai de la Fontaine Nimes	»	50
Demesny (Mme Albin), 8, Quai de la Fontaine, Nimes.	»	50
Elèves et fonctionnaires du Lycée, Montpellier.	»	50
Estor, Professeur, place du Palais, 8, Montpellier.	»	50
Exposition Raemaekers, Nimes	»	50
Favre (Etienne), Brd la Major, 90, Marseille.....	»	60

FAULQUIER (Mme Rodolphe), Rue Boussairolles, 6,
Montpellier. .. ..   fr.   10
FRANÇOIS (Mme), Rue de la Merci, 7, bis, Mont-
pellier ....   »   50
GACHE (Fernand), Professeur, 23, Faubourg St-
Jaumes. . . ..   »   50
GAIRAUD (A.), Rue Jeu-de-l'Arc..................   »   50
GIRON (Paul), Plan Calade ....   »   50
GUILBAUD-OLLIVIER (Mme), 14, Rue Providence..   »   50
H. B., négociant, à Carcassonne.................   »   50
HERMET (Lucien), St-Césaire, Gard..............   »   50
HURSTEL (Marcel), Grande Maison, Montpellier   »   50
IMPRIMERIE GÉNÉRALE DU MIDI, Route de Toulouse   »   50
INSTITUTEURS ET INSTITUTRICES de Cette (2ᵉ vers.)   »   50
INSTITUTEURS ET INSTITUTRICES du canton de
Saint-Chaptes (Gard). ....   »   50
JALABERT (D'), oculiste, Narbonne ....   »   50
LAPIERRE (Gaston), Rue St-Guilhem, Montpellier.   »   50
LASSALLE (docteur), 43, Rue Roussy, Nimes......   »   50
LAURENS, (Gaston), 6, rue des Sœurs-Noires, Mont-
pellier. . ...   »   50
LAURET (Edouard), Millau ....   »   50
LAVÈVRE (Mr de), Rud Trésorier de France, Mont-
pellier ....   »   50
LEENHARDT (Eugène), rue Clos-René, 16, Montpel-
lier ....   »   50
LUTHARD ET GALLEX (Mmes), Avenue de Lodève,
77, Montpellier ....   »   50
MAIRE, Vic-la-Gardiole, (Hérault ....   »   50
MARCADIER, Professeur, Rue Marguerite, 2, Mont-
pellier ....   »   50
MEYNES GARD, (Mairie de) ....   »   50
MOLINIÉ (Ernest), villa Franc, Mazamet ......   »   50
NÈGRE (André Mme), rue St-Marc Nimes ......   »   50
PALLIER (Félix), 3, Boulevard Gambetta, Nimes   »   50
MOURET, Professeur, Rue Clos-René, 1, Montpel-
lier ....   »   50
PASCOU, Peintre, Rue des Sœurs-Noires, Montpel-
lier ....   »   50
PELLERIN (Mme DE) Château-de-Colombet, Alais..   »   50
PÉPRATZ, notaire, à Perpignan (vente brochure)   »   50
PERSONNEL des contributions indirectes, Montpel-
lier .. ..   »   50
PERSONNEL ENSEIGNANT, Bagnols-sur-Cèze ....   »   50
PERSONNEL ENSEIGNANT, canton Quissac ....   »   50

Personnel enseignant, Canton Sommières......	fr.	50
Personnel enseignant, canton de Bagnols, (Gard)	»	50
Personnel enseignant, canton de Valleraugue (Gard).	»	50
Personnel enseignant, canton de Beaucaire......	»	50
Personnel enseignant, canton de Bagnols, (Gard)	»	50
Personnel enseignant du Canton de Vauvert....	»	50
Peyre-Grosse, St-André de Majencoules..........	»	65 50
Porte (Prosper), Rue Edouard-Adam, 6, Montpellier.	»	50
Professeurs non mobilisés, Collège Narbonne ..	»	90
Rauzier (Prof. et Mme), Rue Clos-René, 12, Montpellier	»	50
Reclus-Joubin (Mmes), Rue du Stand, 10, Montpellier	»	50
Roumieux, Directeur et Personnel Enseignant, Bagnols (Gard)	»	50
Roux, pasteur, (collecte protestante), Alais	»	57 50
Roux Paul, 2 bis, rue du Carré-du-Roi	»	50
Sablier Crouzet, (Mme), 18, Boulevard Jeu-de-Paume	»	50
Société, Commune de Valléguière............	»	50
Société Union Persévérance de Val'éguière....	»	50
Soudan de Vérot, Rue Jacques Cœur, 12, Montpellier.	»	50
Thérond Besson, 4, rue Lampèze, Nimes.......	»	50
Tissié (Mme), rue du Petit-Saint-Jean...........		50
Trésorerie Générale (Personnel), Montpellier..	»	80 35
Verrière, avocat, 1, rue Germain, Montpellier...	»	50
Verdier (Mlle), Ecole de Vauvert (Gard)	»	50
Voisin, conducteur 96ᵉ infanterie, Verdun......	»	50
X. (Mme), en souvenir de son Fils.............	»	50

(De 20 à 50 francs)

Aimés, Docteur, Asile Aliénés, Montpellier......	»	20
André, Pharmacien, rue des Etuves, Montpellier.	»	20
André (Vincent), 22, rue des Grenadiers	»	20
Anonyme (Mlle Lacos), de Pézenas............	»	20
Antonin, Directeur Crédit Lyonnais, à Nimes.	»	25
Arnaud de Maurilhas, 15, route du Pont-Juvénil.	»	25
Association Cantonale des Instituteurs et Institutrices, Sommières	»	40
Association Cantonale des Instituteurs, Sumène	»	25

Association Amicale des Sténographes et Dactylographes de l'Hérault. fr.	20	
Augereau, 9, Rue Aiguillerie. . . . . »	20	
Bahut Henri, (pasteur) collecte patriotique St-André-de-Valborgne . . . . »	44	75
Belugou - Michel, Boulevard Victor-Hugo, 3, Montpellier . . . . »	20	
Benoist, Recteur de l'Académie, Montpellier .. »	20	
Bertrand (Mme C.), ... »	20	
Blancard, Docteur, Allée des Arts, Montpellier. »	25	
Biouet, agent assurance la Paternelle . . . . »	26	55
Bonnet (Max), professeur, Villa aux Roses, Pierre-Rouge, Montpellier. . . . . »	20	
Bonnelet, Professeur, 1, Avenue de Lodève . . . . »	20	
Bourse du Travail, Montpellier. . . . . »	20	
Bousquet, 18. Boulevard Gambetta, Nimes. . . . . . »	20	
Bouvier (Alphonse), au Caylar (Gard). . . . . »	20	
Bret (Mme), Rue République, 15, Montpellier.. »	20	
Bret et Beauquier, 46, Route de Beaucaire. . . . . . »	25	
Bricourt (Mme B.), et Elèves de l'Ecole de Filles, de Roujan. . . . . »	36	50
Bru (Mme), Avenue de Toulouse, 51, Montpellier »	25	
Brugueirolles. Le Vigan, ... »	20	
Cailho Rue République. 20, Montpel'ier . . . . »	30	
Canat, Pharmacien, Florensac. . . . . »	20	
Castan (Mlle), professeur, Montpel'ier . . . . »	20	
Causse (Gaston). St-Georges . . . . »	20	
Cheminots de l'Hérault (Union Nationale des). »	30	
Clastres (Mme), Receveuse des Postes, Preivau (Aude) . . . . »	20	
Collecte. temple du Cailar . . . . »	32	
Collège Victor-Hugo (Professeurs du) Narbonne. »	30	
Collège, Clermont-l'Hérault, (Elèves) . . . . »	20	
Collège, (Professeur non mobilisés du), Narbonne. . . . . »	50	
Combescure, docteur. 1, Chemin de Palavas . . . . »	20	
Combier, Docteur, 8, rue Bonnard. Montpellier. ».	25	
Commune de Chamborigaud, (Gard) . . . .— »	49	65
Confrérie des Pénitents Blanches. (Mme de Bibal). rue d'Albisson. Montpellier . . . . »	30	
Corijat (Mme), Société Marseillaise. . . . . »	20	
Cruvellier (Mlle). Directrice de l'Ecole Normale de Filles. Montpellier . . . . »	45	
Darbre Georges. (Mme). St-Hippolyte-du-Fort. »	20	

Daveau, Pharmacien, Vias, (Hérault). . ... fr.   20
Directeur des Douanes, et Collaborateurs, Cette   »   25
Duclaux, (M. et Mme) ....·.......   »   25
Dumeny (Henri), 8, Quai de la Fontaine, Nimes.   »   20
Ecole Filles, Plan Belle-Croix, (Gard) ......   »   20
Ecole de filles de Lunel et Mme Ponce (direc-
    trice). . . ..   »   30
Ecole Supérieure (Personnel), Clermont-l'Hérau't   »   25
Ecole de Filles de Quarante....................   »   20
Ecole publique de filles et Mme Faugère, Le
    Martinet (Gard) . . . .   »   20
Ecole Publique des Filles de Roujan (Maitresse
    et Elèves). ....   »   36 50
Ecole Primaire, Ste-Croix-Vallée-Française....   »   41
Ecole Supérieure (Mme Renond, Directrice et
    Personnel), Pézénas. ....   »   40
Elèves de l'Institution Malet-Salabert, Brd de
    l'Esplanade, 31, Montpellier ....   »   35
Falguière, Directrice, à Quissac ....   »   30
Faugère, Cabrier Prosper, institutrice au Mar-
    tinet, (Gard) . ...   »   30
Ferrouillat, Rue Collot, 5, Montpellier........   »   20
Floret (Paul), Préfet honoraire, Trésorier Payeur
    Général honoraire, Sorgues ....   »   20
Gache, professeur au Lycée, 23, Faubourg St-
    Jaumes Montpellier . . ..   »   25
Gaussel (Mlle), Rue Edouard-Adam, Montpel-
    lier ....   »   20
Gorlier, Directeur d'Ecole et Collègues, Cou'on-
    Le Vigan. ....   »   25
Grès (Pierre), serrurier, Place Hôpital Général,
    Montpellier ....   »   25
Gros et Mathieu, Cours Gambetta, 28, Mont-
    pellier ....   »   20
Guizard (Mme et Mlle), à Lavérune ....   »   25
Horvilleur, 10, Bvard Amiral-Courbet, Nimes.   »   20
Izard, Secrétaire Faculté de Médecine, Montpel-
    lier ....   »   20
Jaoul Alexis, 35, Avenue de Lodève, Montpellier.   »   40
Jean Alexandre, St-Just-Séguret, Vaucluse ....   »   20
Joly (Mme Jacques de), Quai de la Fontaine,
    Nimes. . . ..   »   30
Joueurs de boules (Jean Sabatier), Montpel-
    lier . . ..   » ,   45

LAVERGNE (Gérard), Quai de la Fontaine, 19, Nimes. . ... fr.   20
LEGRAND, (M. et Mme), oculariste, 17 rue Vivienne, Paris. . ... »   40
LUNARET (H. de), Route de Mende, Montpellier »   20
MAQUET, Docteur, Ganges .... »   20
MARAVAL (Mme Vve), 55, Rue de la Préfecture, Nimes. . ... »   20
MARÉCHAUX LOGIS 56ᵉ artillerie, (collecte) ...... »   21
MARCHAND, Inspecteur d'Académie, Montpellier... »   20
MAZODIER. . . . . »   20
MÉLIAN, Docteur, Rue Frg de Lattes, Montpellier .... »   20
MESTRE, Vétérinaire, Poussan .... »   20
MICHEL, Docteur, place de la Comédie, 5, Montpellier .... »   20
MONTET Louis, 27, rue Lampèze, Nimes .... »   20
MORIN, Professeur, Rue Salle l'Evêque, 8, Montpellier .... »   20
MOURGUES, Ganges .... »   20
NETTRE (Capitaine Léon), à l'Hôpital 48 Montpellier . . .. »   25
ODOL (Armand), Place Bouquerie, Nimes........ »   20
OLLIVIER, maître tailleur, 5, rue Aiguillerie, Montpellier. .. .. »   25
OLLIVIER (Mme), 5, Rue Aiguillerie............. »   25
OSTINI, ferblantier, rue de l'Argenterie, 24, Montpellier .... »   20
PALLIER (Félix), Boulevard Gambetta, Nimes.... »   20
PARISOT, (M. de), Rue Vieille-Intendance ,9, Montpellier .... »   20
PÉGURIER, (Mme), 11, Boulevard Henri IV .... »   25
PÉLISSIER, (Mme J.), Vermont-d'Ardèche ...... »   40
PÉLISSIER, Directeur du personnel enseignant Canton de Sommières .... »   37 70
PENCHINAT (Mme Vve), 18, Boulevard Victor-Hugo, Nimes. . ... »   25
PERSONNEL ENSEIGNANT, de St-Gilles-du-Gard..... »   24 90
PERSONNEL ENSEIGNANT, ECOLE SUPÉRIEURE, Pézénas. . ... »   30
PERSONNEL DE L'ECOLE PUBLIQUE, Pézénas........ »   30 70
PERSONNEL ECOLE SUPÉRIEURE de Clermont-l'Hérault. . ... »   25

Pradal, notaire, Carcassonne.	fr.	30
René Néon, Villa musica, collecte mariage	»	25
Réunion de couture du Temple, Montagnac.	»	20
Rives, Conseiller à la Cour, Rue de la Loge, 20, Montpellier	»	20
Rouméaous, docteur	»	25
Roux (Paul), 2 bis, Rue Carré-du-Roi (2' vers.)..	»	25
Samary (Général), Concert, Montpellier.	»	22
Salzieu (M. de), Marsillargues.	»	25
Section 323, Montpellier.	»	36
Sempé, Docteur, Carcassonne	»	20
Siau, Quai des Tanneurs, 27, Montpellier	»	20
Sirven (Mme), Professeur, Ecole Normale de Filles, Montpellier	»	20
Société Mutuelle Locale Incendie, Montpellier	»	25
Suquet (M. et Mme), 1, route du Pont Juvenal...	»	25
Thomas (Mme Charles), Rue de la Servie, 21, Nimes.	»	20
Tiran (Henri Mme), 3, Grand'Rue, Montpellier.	»	20
Troupel (Mme), Ganges	»	20
Union Chrétienne de Jeunes Filles de Vergèze.	»	25
Vagny (Léon), Teinturier, Rue Nationale, 20, Montpellier.	»	35
Valette, (Mme), institutrice, à Anduze	»	30
Varnery, Cours Gambetta, 20, Montpellier	»	20
Verdier, Entrepreneur, Rue St-Etienne, Montpellier.	»	20
Vidal (E), Montpellier	»	20
Vinas (Mme), Avenue de Toulouse, 23, Montpellier	»	20
Werner (M. et Mme), Avocat, Millau	»	20

MEMBRES ADHÉRENTS

(De 10 à 20 francs)

ABRAM, juge, Brd Ledru-Rollin	fr.	10
AMICALE, Collège, Clermont-l'Hérault	»	10
AMICALE des Enfants de Montpellier	»	10
ANDRÉ Henri, 12, rue Jeu-de-Paume	»	10
ANDRIEUX, Service poids et mesures, Lodève	»	10
ANONYME	»	10
ARBOSSE	»	10
BEOLET, (Mme), à Tournon, (Ardèche)	»	10
BERGASSE (Mme) et ses Elèves, Marseillan	»	16
BERTRAND (Mathieu), Bagnols.	»	10
BILLARD (Baronne de), 41, rue du Courreau	»	10
BISCAYE (Mme), 5, rue Clapies	»	10
BISERAY (Mme), Place de la préfecture	»	10
BLATIÈRE (Mme), Ecole enfantine, Vergèze, (Gard).	»	10
BLAYAC (Mme), château de Rocher, Castelnau ..	»	10
BOSSAL, Principal du Collège, Clermont-l'Hérault.	»	10
BOSSARDEL, opticien, 44, Boulevard Victor-Hugo, Nimes.	»	10
BOSSEL (Mme), rue Clos-Réné, 1, Montpellier	»	10
BORICKA, (Mlle), 35, Grand'Rue	»	10
BOSSIÈRE, quai de l'Esplanade, Cette	»	10
BOUCHER, directeur d'Ecole, à Servian		16 90
BOUET	»	10
BOUTTET, 3, Rue Boussairolles, Montpellier	»	10
BRIAT (Mme), Rue des Ateliers, Montpellier	»	10
CAISSO (Mme), Rue des Augustins, 11, Montpellier.	»	10
CAMPS (J.), Lieutenant-Colonel, 2, Rue de l'Argenterie.	»	10
CABANIS.	»	10
CANAL, (M. Mme), à Monthollo, Pyrénées-Orientales.	»	10

Chas, Collecte, Petits Enfants..................	fr.	10
Chauvain (Mlle), Rue de la République, 6	»	10
Clauzels, (Mme), St-Hippolyte-du-Fort	»	10
Commune de Pégayrolles de l'Escalette	»	10
Corbière, négociant, Avenue de Lodève, Montpellier.	»	10
Cournac, (Mme), 43, rue St-Guilhem	»	10
Crespin-Rédarès, (Mlle)	»	10 55
Cournac (Mme), 43, rue St-Guilhem, Montpellier.	»	10
Delord (Paul), 7, Bvard Strasbourg, Montpellier.	»	10
Demar, Rue Auguste-Comte, Montpellier	»	10
Directrice et Ecole normale de Privas..........	»	10
Dubois (Mlle), rue Vieille-Intendance, 9, Montpellier.	»	10
Dumas (J.), 21, Rue Louis-Laget, Nimes........	»	10
Dutreilh, Montpellier	»	10
Ecole de filles, et Mme Piré, Balaruc-les-Bains.	»	10
Ecole laique Filles, Tamaris, (1" et 4' classe).	»	15
Ecole de garçons de Puisserguier.	»	10
Ecole de Garçons de Quarante.................	»	10 90
Ecole et Institutrice d'Arboras	»	10
Ecole Publique, Maîtres et Elèves, Cournonterral	»	15
Espinadel-Belpel, Villeneuve-les-Béziers.	»	10
Elèves de l'Ecole Sévigné, Montpellier	»	10
Favier, Montpellier	»	10
Ferrouillat Joannès (Mme), 5, rue Collot, Montpellier.	»	10
Ferté-Salvat, 4, Place Observatoire, Montpellier.	»	10
Flairer Léon, Montpellier	»	10
Fourcade, Bancel, Dumas, Bérard, Noël, Montpellier.	»	10
Fraigneau, Rue Carlencas, 11, Montpellier	»	10
Fraissinet (M. et Mme), à Sérignan (Gard)....	»	10
Fournier, Ebéniste, Rue de l'Université, Montpellier		16 85
Fournier (Mme Vve), Marsillargues, ...	»	10
Fraissinet (M. et Mme), Serignan (Gard)......	»	10
Gachon, 10, Rue Jacques Draparnaud, Montpellier.	»	10
Galtier Conseiller, Brd des Arceaux, 33 Montpellier.	»	10
Galy, Rue Trésorier de la Bourse, 4, Montpellier	»	10
Gardes, pasteur Calvisson, (collecte), ...	»	10
Gayraud, 7, Rue du Quartier-Général Montpellier.	»	10

Georger, Capitaine.	fr.	10
Gervais, 4, Rue St-Gilles, Nimes	»	10
Geo-Coste (Mme), 17, Rue du Palais, Montpellier.	»	10
Gorlier, Bancel, Dumas, Bérard, Noel........	»	10
Grasset, Conseiller, Rue de la Loge, 11 bis, Montpellier.	»	10
Grill (M. et Mme Robert), 18, Boulevard Gambetta, Nimes.	»	10
Grohens (Mlle J.), 18, Rue du Puits-des-Esquilles	»	10
Grohens (Mme), Avenue Bouisson-Bertrand, Montpellier.	»	10
Guiraud (Mme), Institutrice, Cazouls-les-Béziers.	»	10
Guibal Docteur, Rue du Petit-St-Jean, 7, Montpellier.	»	10
Guibal Joseph, Mèze, (Hérault)	»	10
Guiot, (F.), Professeur au Lycée, Montpellier..	»	10
Hervu-Salvat, (Mme), 4, Place Observatoire...	»	10
Huart, Directeur des Douanes, Brd Jeu-de-Paume, 14	»	10
Jourdanne, (Mme), 44, Grand'Rue Carcassonne .	»	10
Journès Louis, à Maraussan	»	10
Juny, serrurier, Rue du Courreau, Montpellier..	»	10
Lacloche, (Mlle), 10, Rue Ct.-Marchand, Paris .	»	10
Lalo, 24, Rue République, Béziers............	»	10
Laffont, Ex-directeur de l'Enregistrement, à Belpech	»	10
Lafore (Mlle), Directrice du Lycée de Jeunes-Filles, Montpellier. ·	»	10
Laurès, Montpellier.	»	10
Mabelly, Directeur S. G., Brd Ledru-Rollin, 12, Montpellier.	»	10
Martel (Mme), Rue Durand, 12, Montpellier ..	»	10
Mathurin Bertrand, 19, Rue République, Bagnols-sur-Cèze	»	10
Maynadié, Praixan (Aude)	»	10
Mejean (Mme), Sommières....................	»	10
Mercier, Rue de la République, 6, Montpellier	»	10
Méridier (Louis Pierre), Route Paul-Lacroix....	»	10
Michel Jules, propriétaire, 2, rue Thérèse, Montpellier	»	10
Mourgues (M. L. M.), Ganges..................	»	10
Nicolas (Mme Vve), Avenue de la Gare, Bédarieux	»	10
Parent, (Mme), Directrice Ecole Filles, 50, rue Enclos Rey, Nimes	»	10

PARÈS, Docteur, Rue du Carré-du-Roi, 1, Montpellier.	fr.	10
PASCAL, (Mme), 15, rue Trésorier-de-la-Bourse ..	»	10
PASQUIER (Du), Lyon	»	10
PÉLISSIER, docteur, Ecole Louis-Blanc.	»	10
PERSÉ (Mme Salvat), 4, Place Observatoire ..	»	10
PERSONNEL ENSEIGNANT, Canton de Lunel.	»	10
PERSONNEL Enseignant, Lunas.	»	10
PETIT-LEVAT, Enclos Laffoux, Montpellier.	»	10
PLACIDE Michel (Mme), Rue du Génie, Cité Doumet, Cette.	»	10
PUGINIER, Sarreaux, (Vaucluse).	»	10
PLACIDE Michel (Mme), 19, rue Carossane, Cette.	»	10
RAYMOND Directrice de l'Ecole maternelle, Ganges	»	10
RÉPÉTITEURS DE COLLÈGE ET ACADÉMIE DE MONTPELLIER.	»	10
REYMOND (Mlle E.), Rue Richer de Belleval, Montpellier	»	10
RICHARD (Vve), St-Aunès.	»	10
RIGAUD GRAVIER, (Mme), 15, Boulevard Esplanade.	»	10
ROCHAS (Mlle), professeur au Lycée des Filles, Montpellier	»	10
ROCHES, Professeur Lycée, 18, rue St-Guilhem, Montpellier.	»	10
ROGER (Mme), Rue Aiguillerie, 33, Montpellier	»	10
ROSIÈRE du legs Durville, Montpellier.	»	10
ROUCHER, Directeur, Ecole de Servian.	»	16 90
ROUQUET, Conseiller, Rue Aiguillerie, 22, Montpellier	»	10
ROSIÈRE. du Legs Durville.	»	10
RUAMPS, Directeur des Contributions indirectes, Montpellier.	»	10
SABATIER Jean, 42, rue Alexandre Cabanel	»	10
SALVAT (Henri), 4, place Observatoire Montpellier.	»	10
SALVAT-FERTÉ, 4, place Observatoire, ...	»	10
SIRVEN (Mlle), Rue de la Garenne, Montpellier..	»	10
SOCIÉTÉ GÉNÉRALE (Employés), Montpellier.		16 50
SOUDAN DE MAINTENON (Mme), Rue du Palais, 12, Montpellier. ·	»	10
TARBOURIECH (J. Mme), Institutrice, à Sérignan.	»	10
VIDAL E.-P., 16, rue Emile-Zola.	»	10
VIALIFLOND, Rue Jeu-de-Paume, Montpellier. . . .	»	10
VITOU (Mlle), Rue de la Loge, 20, Montpellier..	»	10

MEMBRES LIBRES
(De 1 à 10 francs)

Anonyme (versé au Petit Méridional)............ fr.   5
A. J., de l'Affenadou, (Hérault), ...   »   2
Barreau (Mlle Marie-Jeanne), Marseillan ......   »   1
Bastide, Secrétaire de la Mairie, Ganges ......   »   1
Bastide (Mlle), institutrice, Ganges............   »   2
Belon (Mme), 43, rue Henri-René, Montpellier.   »   5
Bellon (M. et Mme), Cie P. L. M., Montpellier   »   5
Benoit (Mlle Elisabeth), Marseillan............   »   1
Bercasse, institutrice, à Marseillan............   »   5
Bertony (Mlle Pierrette), à Marseillan..........   1
Biquet, agent d'assurance de la Paternelle, Mont
    pellier . . ..   »   7 70
Boissier (Mme) et Ecoliers d'Arboras ....   »   5
Boucher, (Mme), institutrice, à Puyant, (Gard)   »   5 40
Bourget, (Mlle), Vic-le-Fesq ....   »   5
Bousquet (Mlle Pauline), Marseillan ....   »   10
Bruguière (Clément), Directeur et Elèves, St-
    Geniez-les-Bas. . ...   »   6
Cabanis, Directeur d'Ecole, Ganges ....   »   2
Carrière, (Mlle), Peyregrosse ....   »   8
Cazalet, (Mlle Marie), Institutrice, Ganges....   »   1
Cerret, instituteur, quête St-Julien-de-Peyrolas   »   9
Clavel, Place de la Calade...................   »   5
Coste (Mlle Henriette), Marseillan ....   »   1
Dantel (Mlle Beatrix), Marseillan ....   »   1
Delmas (Mme), institutrice, Agde..............   »   5
Dijon (Mlle), Ecole Filles et Garçons, Aniane....   »   8
Doumerc (Mme), Colombiers, Hérault ....   »   5
Doumère (Mme), de Colombier.................   »   9
Dupont, Pasteur, Montpellier ....   »   5
Ecole laïque St-Pargoire (Petites filles et classe
    enfantine). . ...   »   5
Ecole (Elèves de Sérignac) ....   »   12 50
Ecole filles de Villevieille (Gard) ....   »   5

Ecole garçons de Remoulins (Gard)............. fr. 5
Ecôle Molière, Cel'eneuve................... » 9
Ecole Molière et Mlle Trabuc, M. Chazot et
    leurs Elèves, Celleneuve .... » 9
Ecole Publique, de Cazouls-d'Hérault.......... » 5 30
Elèves et Directrice de l'Ecole de Pouxan.... » 5
Favatier (Mme), Avenue Bouisson-Bertrand, 27,
    Montpellier .... » 5
Fillettes et Classe enfantine de Mme Lassugues,
    St-Pargoire.   .... » 5
Folcher Maillic (Mlles), Ganges 1
Gervais, (Mlle), Rue Saint-Gilles, Nimes...... » 5
Gervais, pasteur, Collecte à Sommières........ " 5 50
Gervat (H.), 26, rue Saint-Guilhem, Montpellier. » 3
Gisele (Blanchet), Marseillan................. » 1
Henri, Fondeur, rue des Teissiers, Montpellier .. » 6
Hérail (Mlle Marthe), Marseillan .... » 1
Jeanjean, instituteur, Ganges .... » 1
Jeanjean, (Mme Paul), Clarensac (Gard) ...... » 5
Jouvenel, Directrice de l'Ecole des Filles, Gan-
    ges. . ... » 5
Julié (Osmin). .... » 5
Larre (M. et Mme), et leurs Elèves, Ecole Pu-
    blique,de Cazouls-l'Hérault. . ... » 5 30
Mas. Institutrice, Ganges .... » 2
Navarre (Joséphine), Marseillan.............. » 1
Nicolas, Rue de la Coquille, 8, Montpellier .... » 5
Paillet (Frères), Fabricant de Brosses à Courthé-
    zon .... » 7
Parenc, à Mazamet .... » 5
Pattus (Scipion,) à Aigues-Vives .... » 5
Peyrolade, Ganges .... » 1
Pradal (Mlle), Agde .... » 5
Puel, (Mme), Receveuse des Postes à Ceyras .. » 3
Rocher, femme de service, Ganges .... » 1
Salette (Ml'e), Villeveyrac. . ... » 5
Saporta (Cese de), Rue Philippy, 3, Montpellier » 5
Sauvage (Mme), Montpellier .... » 5
Sauvagnac G., (Mlle), à Boussagnes .... » 1
Sauvagnac, (Mme), à Boussagnes .... » 1
Thomas, (Mlle), Ecole St-Paul-la-Caulme, (Gard) » 5
Trux, (Mlle), institutrice à Boussagnes .... » 5
Toureille (Mme), Institutrice, Ganges .... » 2 50
Voisin (Mlle Yvette), Marseillan .... » 1
Védrines, Instituteur, Ganges .... » 1
Weinberger, Montpellier .... » 5

TABLE DES MATIÈRES

Fig. 1. — Vue d'ensemble des Écoles-Ateliers

Fig. 2. — Groupe d'Aveugles devant les Ateliers

Fig. 3. — AVEUGLES MUTILÉS

Fig. 4. — DIPLÔME D'APTITUDE PROFESSIONNELLE